JN252711

真に意味ある生きる道

『道徳科学の論文』に学ぶ

松浦勝次郎

公益財団法人モラロジー研究所

はじめに

　これまでの数十年の間に人類文明は急速に進歩・発展し、人類全体のつながりは広がり、深まりました。私たちは今、これまでの永い人類の精神進化の歴史の中で、先人たちが年を重ね、代を重ねて築き上げてきた人類文明の多大な恩恵を受けつつ、世界の人たちと共に、人類社会の中で生きています。私たちが生きて生活している現在では、先人たちが世界各地で築き上げてきた多様な文明・文化の多くを、広く人類全体で共有しています。一般多数の人たちが、人類文明の恩恵を受けつつ人類社会の中で生きていることを理解し、実感できることは、少し前まではなかったことです。

　私たちが生きる現代は、これまでの人類の歴史の中ではきわめて特殊な時代です。その重要な特色は、変化の速さと、物質と情報による人類全体のつながりの広がりと深まりです。文明の進歩によって、人類の意識も生活も大きく変化しました。人類生活は、生活に必要な物質と情報の豊かさ、安全、自由、便利、能率などの面で大きく向上しました。

しかし、これほど人類の知識が増大し、技術が進歩し、物質と情報を広く共有できるようになっても、経済的に貧しい国・地域でも、豊かな国・地域でも、たいへん多くの人たちがさまざまな理由により深刻に争い、悩み、苦しんでいます。困難な時代に先人たちが切実に求めた、目に見える多くの条件に、過剰なまでに満たされていても、争い、悩み、苦しみが絶えないのは、人間実生活の根本となるいちばん大切なものでありながら、現在の人類文明が見失っているものがあるということです。

人類は現在、個人の生活でも、国家・社会おいても、人類社会においても、常に多くの困難な課題に直面し、進むべき道を見出すことができずに困っています。それは真に頼れる、また、広く共有できる「確かな標準」を見失っているからです。また、人々の悩みの多くは、その実質は外から与えられている目に見える条件の不足によるというよりも、その人自身の心の使い方の問題です。

私は若いときから永く、たいへん多くの方々と共に、『道徳科学の論文』によってモラロジー・最高道徳を学び続けてきて、学べば学ぶほど確信を深めてきたことが二つあります。

その第一は、モラロジーは確実に、真に人を幸せにし、人の住む世を真に善くする学問であること、その根本となるいちばん大切なものでありながら、現代の人類文明が見失い、現在の人類社会に欠けているものを、多くの人たちが気づき、理解し、納得できるように明らかにしていることです。

その第二は、『道徳科学の論文』で取り上げられている具体的・実際的な多くの問題の本質と解決への道にかかわる記述の先見の広さと深さです。それは根本に、時代・状況がどのように変化しようとも決して変わることがない、正しい「確かな標準」があるからです。『道徳科学の論文』の記述は、その後に多くが現実のものとなり、当時より現在のほうが、はるかに多くの人たちによって理解される状況になっています。また、時代が進み、これから科学・学問一般がさらに進歩すればするほど、それはいっそう明らかとなり、より多くの人たちに理解されて、実際にその力を発揮するようになると思われます。

廣池千九郎《ひろいけちくろう》博士（法学博士、一八六六～一九三八）がモラロジーを広く発表されて以来、たいへん多くの人たちが『道徳科学の論文』によってモラロジーを学び、その結果、考え方・生き方を根本から改め、確かな標準を得て新しい生き方を選び、人間として生きることの真の意味を知り、安心し、満足し、喜んで助かる道に登られました。

『道徳科学の論文』は、今もその力を発揮し続けていて、多くの人たちを助け、幸せにし、守り続けています。

しかし、『道徳科学の論文』によってモラロジーを永く学べば学ぶほど、一方で、その真意を正しく理解できていないこと、廣池千九郎博士が望み、願われたようにはその真価が生かされていないことにも、気づくことが多くなります。『道徳科学の論文』によって、廣池千九郎博士と対話しつつモラロジーを学び続けていると、「まだそんなことも分かっていなかったのか」という温かい励ましのお言葉が聞こえることもあります。

今、世界もわが国も多くの困難な課題を抱え、危機に直面しています。このようなときにこそ、廣池千九郎博士がモラロジーという学問によって明らかにされ、人々の心に伝えようとされたことの意味と価値がいっそう明らかとなります。モラロジーという学問も、永続を期して着手された「モラロジーの建設」という事業も、廣池千九郎博士の真に人を助け、真に人を幸せにし、人の住む世を真に善くしたいという、真実の救済心から発しています。この救済心とモラロジーという学問が、ある程度までも正しく理解されれば、このような時代状況の中で、人々を悩ませ苦しめているあらゆる問題について、今何よりも求められることが、『道徳科学の論文』に記されていることが理解されるはずです。

個人・家庭の問題から、国家・社会、世界人類にかかわる問題まで、人間の考え方・生き方が生み出した問題によって、人類は困り、悩み、苦しんでいます。それらのすべての問題の原因は、根本でつながっています。人間がその考え方・生き方から生み出した問題は、人間自身がその誤りに気づき、誤りを正し、人間自身が変わらなければ、根本的解決は望めません。モラロジーは人間の考え方・生き方の標準と、人間が根本的に変わる必要と、その可能性と、その方法とを明らかにしている学問です。何よりも、最高道徳によって、人間精神が現在一般に考えられているよりもはるかに高く大きな可能性を秘めていることを明らかにしています。

現在も、人類社会のあらゆる問題について、その根本の原因を人間精神の在り方に求め、人間精神を根本的に改造する必要とその可能性を認め、それが、問題解決への道を拓《ひら》くための対策の主眼とされることはありません。また、現在広く一般に共有されている人間観は、「人間自身が根本的に変わることができる」ということについては悲観的です。普通一般の人が、聖人が推奨された最高道徳の実行を本気でめざすことは、きわめて稀《まれ》なことです。利己的個人だけを大切にする現在一般の人間観は、人間の道徳的素質を大切にしてその最高道徳的な真価を発揮することをめざす聖人正統の人間観からは、大きく隔たったものです。

『道徳科学の論文』という書物の価値と、そこに込められた廣池千九郎博士の救済心と、記述されている生き方の標準と指針とには、計り知れない深さがあり、汲《く》めども尽きぬものがあります。それは人を真に幸せにする上で、これまでモラロジーを学んできた多くの人たちが理解し、めざしているよりも、はるかに大きな力を秘めています。

現在すでにモラロジーを学び、最高道徳の実行をめざしている人たちには、「今だからこそ」という特別の使命があります。モラロジーという学問を、廣池千九郎博士が望まれたように、今この特別のときに、人の苦しみを少なくし、人を真に幸せにするために、すでにモラロジーを学んでいる人たちが、あらためて『道徳科学の論文』によって正しくモラロジーを学び直し、根本的・本質的なことで気づいていなかったこと・誤って理解していたことがないか、また、今実際に生かすべきこと・生かせることで、生かされていないことがないかを問い直すときだと思います。

その思いは、今、モラロジーを学ぶ多くの人たちと共有しているものです。本書は
その思いを込めて、あらためて『道徳科学の論文』によってモラロジー・最高道徳を
学ぶことの価値と意義について振り返り、学び直し、考え直したものです。

平成二十六年十一月

松浦勝次郎

凡例

一、引用文の出典を示す際、原則として次のように略記した。

新版『道徳科学の論文』　『論文』

『廣池千九郎日記』　『日記』

『新科学モラロジー及び最高道徳の特質』　『特質』

『モラロジー教育に関する基礎的重要書類』　『基礎的重要書類』

「モラル・サイエンス及びモラロジーの略説明」　「略説明」

改訂『廣池千九郎語録』　『語録』

『伝記　廣池千九郎』　『伝記』

二、引用文の表記を一部現代表記に改めた。

真に意味ある生きる道——『道徳科学の論文』に学ぶ◆目次

第三章　『道徳科学の論文』に学ぶ方法

第四章　モラロジーと『道徳科学の論文』

第五章　最高道徳と『道徳科学の論文』

装幀——加藤光太郎デザイン事務所

第一章　「モラロジーの建設」という事業

――永続を期して

一人ひとりの人生は一回限りのもので、しかもほかの誰も代わって生きることはできません。人生はそれぞれがそれぞれに、限りなく有り難く、尊く、かけがえのないものです。このかけがえのない人生を、無益なことに費やし、無意味なことで苦労して生きることを望む人はいません。しかし一方で、何が真に有益なことで何が無駄なことなのかについて、確信できる確かな標準を持って生きている人はきわめて少なく、実際には多くの人たちが、無益なことに多大な関心と力を注ぎ、つまらないことに不満を抱き、無意味なことで争い、悩み、苦しんでいます。人生を真に生きがいのあるものにするためには、人間として生きる上で真に意味あることが何であるかについて、自分自身が心から納得し確信できる真実を知ることが必要です。

「真に意味ある生きる道」を歩むためには、欠くことができないものが二つあります。その一つは、確かな正しい標準を持ち続けること、もう一つは、高い品性を備えた人からの道徳的感化を求め続け、受け続けることです。『道徳科学の論文』（以下『論文』）は、みずから求めて学べば、その両方を、ほかに比べられるものがないほど確実に得ることができる特殊な書物です。その初版が発刊された昭和三年（一九二八）から八十七年（平成二十七年現在）、第二版が発刊された昭和九年から八十一年（同）が過ぎましたが、その間、モラロジーに道を求めてきたたいへん多くの先人・先輩が、『論文』によって廣池千九郎博士と精神的につながり、真剣にモラロジーと最高道徳を学び続けて、そのことを深く理解し、実感してきました。また、その結果、その一人ひとりがそれまでとは異なるまったく新しい生き方をみずから選び、人間として生きる真の意味と喜びを知り、人を真に幸せにし、人の住む世を真に善くすることに、確実に着実に貢献してきました。

一、モラロジーの建設

モラロジーの研究と教育は、廣池千九郎博士の人を真に助けたいという深い願いと高い志から発していて、その実現のために、永続を期して「モラロジーの建設」という偉大な事業に着手され、磐石な基礎を築かれ、その継承と発展を後世に託されました。『論文』第一緒言の「モラロジー研究の沿革」の中では、明治四十二年（一九〇九）に「モラロジーの建設に向かってその研究範囲を拡張」（『論文』①序文九五ページ）、大正元年（一九一二）には「いよいよモラロジー建設の目的を確立」（同）と記されています。明治四十二年に「モラロジーの建設」を具体的に思い立たれたときの心境を、後に「全世界の人類の精神を根本的かつ合理的に開発して、これに安心及び幸福を与えたいという希望が、私の精神の底より湧《わ》き出《い》ずるに至った」(『略説明』、『回顧録』一二九ページ)と述べておられます。

「モラロジーの建設」は、人を真に幸せにし、人の住む世を真に善くするために始められたものであり、これまで終始、変わることなくその目的実現のためにあらゆる事業が進められ、続けられてきたのです。廣池博士は深い願いと祈りを込めてみずからこれに着手され、その基礎を築いて実践の模範を示され、その後、モラロジーの精神伝統を中心に、その精神と事業が受け継がれてきました。これまで公益財団法人モラロジー研究所と学校法人廣池学園が実施してきたあらゆる事業と、モラロジーを学ぶ人たちが最高道徳の実行をめざして行ってきたことのすべてを含む、また、今後も将来にわたって永続する大事業を、廣池博士は「モラロジーの建設」という言葉で表現されました。『論文』の執筆は、廣池博士にとって、その「モラロジーの建設」の基礎を確立する上で、最初の最も重要な使命であったのです。

二、天より受けたる大使命

廣池博士は昭和十年六月に、「モラロジー団体全部に向かって」の特別訓示において、「聖人正統の教学をもって現代の世界の人心を根本的に改善せずんば、全世界の人類を真に永遠の安心・平和・幸福に導くを得ず。モラロジーの天より受けたる大使命はこの大任を果たすにあり」（『語録』二〇七ページ）と述べられました。モラロジーの事業・活動は、すべてこの大任を果たすためのものであり、それは終始、モラロジー・最高道徳の研究・教育・実践によって、人の心を「広く開発し、しこうして深くこれを救済す」（『論文』⑨三一三ページ）ることをめざして行われています。『論文』には、「最高道徳の実行は時代の要求に伴う人類生活の至要原理なり」（『論文』⑦四六〜四七ページ）、また、「いかなる人にても、この天地間に生きておるものは、必ずこれを体得し且つ実行せねばならぬ」（『論文』①序文四一ページ）ともあります。『論文』全体の一貫したテーマは、最高道徳の必要性とその実行の可能性です。

モラロジーの目的は、『論文』の序文と第一巻第一章に明確に記されていますが、特にその研究の「究極の目的」（『論文』①五八ページ）として、「この最高道徳の全人類に必要なる証左を科学的に提供するにある」（同）とされています。したがって、モラロジーという学問によって人間精神が開発されるということは、まず自分自身の生き方として、さらに全人類にとって最高道徳が必要であり、実行可能であることを理解し、納得することです。

『論文』の表題は、「新科学としてのモラロジーを確立するための最初の試みとしての道徳科学の論文」です。モラロジーの研究について、「モラロジーの研究という名に値する真の研究は、今後にあるものというても差し支えない」（『論文』①序文一三八ページ）とも記されていますが、『論文』は、モラロジーを正しく学び、正しく研究し、最高道徳の実行をめざす上で、今も最も重要で最も確かな拠《よ》り所《どころ》となる原典です。

モラロジーの内容は最高道徳であり、その主眼は心づかいですから、モラロジー・最高道徳の本質的・実質的研究を進めているのは、モラロジーを正しく学び、最高道徳を自分自身の生き方として選び、その心づかいの実行を本気でめざす人たちです。『論文』によって廣池博士から直接にモラロジーを正しく学び、最高道徳の実行を本気でめざすことは、個人的・私的なことではありません。それは、自分のためだけでなく、身近な人たちのためにも、より広く世のため、より多くの一般の人たちのためにも、人間実生活・人間実社会におけるあらゆる問題に根本的解決の道を拓く上で、何よりも適切で何よりも有益な善事を行うことにつながります。普通一般の人が、普通の生活の中で、聖人が実行し人類一般に推奨された最高道徳の心づかいの実現を本気でめざして生きることは、人間としての生き方の根幹にかかわる、これまで二千数百年来の人類共通の課題であったのです。

私がこれまでにお世話になり、ご指導をいただいた多くのモラロジーの先輩の先生方は、最高道徳の本質をたいへん深く理解されていて、揺るがない確かな標準を持ち続けて、最高道徳の実行をめざし続けられました。そのどなたもが、その信念と実行の基礎として常に『論文』を読み、廣池博士のお言葉によってモラロジー・最高道徳を学び直し、学び続けておられました。私も先輩の先生方に倣《なら》って、若いときからこれまで永く、多くの仲間と共に、『論文』によってモラロジー・最高道徳を学び続けてきました。そのことによって、私は廣池博士の門に入れていただき、精神の子供にしていただくこともできました。また、常に近くにいてくださって、常に助けられ、守っていただいてきたという実感があります。

三、精神の親として

肉体の親なくしてこの世に生まれ出てきた人はありませんが、肉体の親だけによって人間の心を育てられた人もいません。特に、与えていただいた道心を大切に養い育て「真人間」（『論文』①序文八六ページ）となることをめざして生きるに至るためには、特別の精神の親と出会い、その教えと感化を受け続けることが必要です。

私のこれまでの人生の中で、最大・最高・最重要の出来事は、心から尊敬し、信頼できる真正の精神の親との出会いでした。それは、これまで永く廣池千九郎博士の教えにつながってこられた多くの方々と共有している実感であると思います。

繰り返し何回読んでも、『論文』には常に新しい発見と感動があります。また、そこには廣池博士の実行の生命が宿っていて、直接触れることができる生きた人から受ける以上の特別の感化を人の心に与える力があります。その内容の実質は、最高道徳の心づかいであり、すべて著者自身がみずから実行され、実現されたことですから、『論文』は、廣池博士の精神生活のありのままの記録でもあるのです。私たち一人ひとりを助けるために遺《のこ》されたこれらのお言葉に常に触れることによって、お心につながり、精神の親である廣池博士に毎日出会うことができます。迷ったとき、困ったときには、分からないことは何でもお尋ねすれば教えてくださいますし、今も『論文』によって、日々、博士に反省や実行を報告することもできます。廣池博士は、今も求めれば、私たち一人ひとりを精神の子供にしてくださるのです。

晩年の廣池千九郎博士
（昭和10年１月、68歳）

廣池博士は精神の親として、永い将来にわたって、道を求める精神の子供たちを導き助けるために、ご自身の精神生活のありのままを、最高道徳実行の模範として、誤りなく伝わるようにあらゆる工夫と努力を重ねて遺されました。求める人たちが教えを正しく学び、ご実行の生命に触れることができるように、たいへん多くを後世に遺されましたが、その中でも『論文』は、後世の私たちのために、求めれば生命ある救済心に触れ、感化をいただけるように、深い願いと祈りを込めて遺された、最も重要なご自身の実行録です。

四、真に意味ある生きる道

人は自分だけの満足や楽しみを追っていても、それが真の生きがいとなることはありません。本当は誰にも、人を真に幸せにし、人の住む世を真に善くする大事業の中での、その人だけに与えられた特別の役割・使命があります。誰もが、本心の本心では、そのために与えられた力を生かし、出し切ることを望んでいます。

これまで多くのモラロジーの先人・先輩が、廣池千九郎博士の教えと感化によって「真に意味ある生きる道」を見出し、心を定めて新しい生き方をみずから選び、その後、工夫と苦労と努力を重ねてその選択を守り続けられました。途中に迷いや困難があっても、はじめの決意を守り続けることができたのは、精神の親の大恩に報いる真心を尽くされるとともに、生涯、『論文』によって廣池博士より直接の感化を受け続け、常に正しい標準を学び直し続けられたからです。そのことによって、さらにこれからも永続する「モラロジーの建設」という大事業に参加され、確実に貢献されました。その結果、人の幸せのために喜んで苦労をして、人の幸せを心から喜べるような、廣池博士が「名状すべからざる明朗清新の気分」（『論文』①序文四二ページ）と表現された真の喜びを精神伝統と共に味わわれました。そういう生き方が、これまで八十年余にわたって、モラロジーの多くの先人・先輩によって積み重ねられ、築き上げられてきた事実は、今、同じ教えを学び、同じ道を求めて生きる人たちにとって、たいへん貴重であり重要です。

現在では、英文の『論文』も出版されていますから、世界中の誰もが『論文』を買い求めて身近に置くことができますし、日本語か英語が理解できる人は読むことができます。廣池博士が「モラロジーの建設」に託された願いと意図を実現するためには、まず、より多くの心ある人たちにモラロジーを正しく知っていただき、正しく理解していただくことが求められます。そのための何よりも確実な手掛かりは『論文』です。『論文』には、「モラロジーは世界永遠の平和の実現の基礎を成すところの一つの専門学と称し得べく、しこうして本書はその専門書と称し得べし」（『論文』①序文一一八ページ）とも記されました。

モラロジーを学び、最高道徳の実行をめざすことは、モラロジーという学問を正しく広くお伝えする使命を自覚することでもあります。そのために、まず自分自身がモラロジーを正しく理解し、納得して、最高道徳の実行を本気でめざすことです。「モラロジーの建設」という大事業によって多くの人たちを真に幸せにして、人の住む世を真に善くする道を拓くために、まず自分自身が助かり、真に安心し、幸せになる道に登るということです。

『論文』が発刊されたころに、道を求める強いお心をもってモラロジーを学ばれた先人・先輩は、どなたもが、たいへんな苦労をして学ばれました。今では誰もが『論文』を買い求め、身近に備えて毎日読むことができますし、学習会や研究会に参加して仲間と共に学ぶこともできます。モラロジー研究所では毎月モラロジー生涯学習講座が開講されています。講座を受講することによって、日ごろの学び方の標準を正すこともできます。

『論文』によって、誰もが正しい標準を学び直し、学び続け、毎日廣池博士と出会い、そのお心に触れることができます。求めれば、今も廣池博士は「あなたのところに行ってお話をしてあげよう」と、どこへでも来てくださってお話しくださるのです。

第二章

『道徳科学の論文』に学ぶ意義

どのような善事でも、みずから進んで取り組むようになるのは、そのことの価値に気づき、それを行うことの意義を知ることから始まります。また、それが永く続くのは、そのことに取り組む中で、その意義についての理解と気づきが広がり、深まり続けるからです。

『道徳科学の論文』によってモラロジーを学び続けると、その意義と価値について、常に新しい格別の気づきと発見があることに驚きます。これまでに、私もたいへん多くの先人・先輩からご指導をいただき、また、たいへん多くの仲間と共に学ぶ中で、その価値と意義について、限りなく多くのありがたい気づきに恵まれました。それらの気づきとそれに伴う感動が、常に学び続ける勇気と知恵とになってきました。『論文』に学び続けることの意義について、これまでに気づいたことの中で、モラロジーに道を求めて学ぶ多くの方々と共有していると思われることのいくつかを以下に挙げてみます。

一、生き方を選ぶ

私たちは、精神作用の重要性に気づいていても、心の働きは目に見えないので、日々の暮らしの中では、自分自身についても、他の人たちのことでも、元にある精神作用よりも、主に目に見える行為の形に心が奪われています。目に見えなくても、人間の心の働きについて確信できることは、第一に、心の使い方は各自の自由であり、与えられている自由は普段私たちが思っているよりはるかに広く深いこと、第二には、各自が選ぶ日常不断の心づかいが人生を変え、その人の運命を築いていることです。

日々の暮らしの中で、誰もが時々刻々、見るもの、聴くもの、言うこと、行うこと、また、心の使い方までも、各自の心で選択しています。それぞれの選択には、一人ひとりにほとんど一貫した選択の原理となるその人の標準があって、それをその人の生き方ということもできます。日々の心づかいと行いを支配している各自の生き方は、必ずしも一定するものではありませんが、知らず知らずのうちにその人の心の癖となり、こだわりとなって、判断の方向を決めています。そのようなすべての判断の標準となっている心の癖に誤りや欠点があっても、それには気づきにくく、また、そのことをほかから指摘されるなど誤りが明らかになることがあっても、素直に認めにくいものです。

『論文』には「その精神を最高道徳にて更生するにあらざれば、真の安心・平和及び永遠の幸福は得られぬ」（『論文』⑧一八七ページ）とあり、悪事を行う人たちだけでなく、善心をもって善事を行っていると思っている人も、その精神を「根本的に改善」（『語録』二〇七ページ）することの必要性が明らかにされています。精神作用の正しい標準だけでなく、精神作用の重要性とその限りない可能性が、誰もが心から納得できるように明らかにされていて、そのことを繰り返し学ぶうちに、各自の生き方の根本の誤りに気づき、反省に導かれ、それを素直に認めて受《う》け容《い》れる心が引き出されます。

多くの先人・先輩がすでにされたように、『論文』によってモラロジーを正しく学び続けることで、みずからまったく新しい生き方を選び、更生の道に登ることに心を定めることができます。心を定めて後も、学び続けることによって日々新たに生まれ更わることができ、「この道を進めば間違いない」という安心と希望を得ることができます。

二、実行の勇気を得る

モラロジーの内容は最高道徳ですから、モラロジーを学ぶとは、最高道徳を学ぶことです。道徳の生命は実行にありますから、『論文』によってモラロジーを学ぶのも、学んだ最高道徳を実行するためです。しかし一般に、ものごとを書物から知識として学ぶこととそれを実行することとの間には、大きな隔たりがあります。この点でも、『論文』はほかの書物とは大きく異なるたいへん特殊な書物です。

モラロジーは「モラロジーの建設」という大事業のために、廣池千九郎博士が創建された新しい学問です。学問は本来、人に知識を与え各自の人格に知識を付け加えるためのものではなく、それは修養と一体のもので、人格を変え、品性を高め、人間としての人格の完成に向かって、人をより立派にするためのものです。モラロジーは、その本来の学問の伝統をまっすぐに受け継いでいて、その内容も、その研究・教育も、終始、真に人を幸せにして人の住む世を真に善くするために、人の品性を高め、人を立派にする知徳一体の学問です。

向上心を持って努力をしていても、修養の基礎に正しい確かな学問がないと、さまざまな困難に出遭ったときに迷いが生じ、修養の本来の目的を見失うことになります。正しい学問に基礎を置いていないと、人生の中でのさまざまな出会いや出来事によって目的を見失い、宿命的な人生観に陥って、修養を止めることになります。

これまで永く、最高道徳の実行をめざす心の修養のためにモラロジーを学び続けてきて、確信を持って言えることは、『論文』によってモラロジーを学び続ければ、学んだ人が学んだだけ、人間として確実に変わり、成長するということです。学べば学ぶほど、精神作用の重要性と可能性についての理解と確信が深まり、それが心づかいの実行につながります。みずから求めて学び、修養することによって、自分自身を変え、運命も立て替えることができると心から思えるようになります。それは自分自身だけでなく、他の人たちの真の可能性を知ることとともなり、心を育てる人間教育の重要性と可能性との発見と自覚ともなり、生きる希望となります。

『論文』からいただいてきたたいへん多くの恩恵の中で、日常的に特に強く実感し、深く感謝しているのはこのことです。正しい目的とそれを実現するための実行の必要を知るだけでなく、確実な根拠を持って心からできる、変われる、変えることができると思えることが、実行の勇気となり、知恵となり、力となります。

三、正しい標準を学ぶ

『論文』はどこを読んでも、すべての記述の基礎に一定不動の一貫した確かな標準があります。『論文』によってモラロジーを学び続けることは、最高道徳の正しい標準を常に学び直し、学び続け、守り続けることにつながります。標準は、「最高」と「完成」をめざす、一定不動の確かなものでなければなりません。標準が不確かで不完全なものであると、その標準から生み出されたものと、その元となっている標準の、どちらが真の標準であるかが不明確になります。実際に、一般に多くの公私のことで前例が尊重されるようになり、それが繰り返されるうちに、標準となるべき本来の目的が見失われています。

物差しに合わせて同じ長さの資材を数多く切り出すときに、物差しを標準とすることを止めて、切り出されたものを標準とすることを何回も繰り返していると、切り出される資材の長さは次第に違ってきます。モラロジーを学び、最高道徳の実行をめざす上でも、常に標準を学び直し、確認し直すことを習慣にしていないと、知らず知らずのうちに前例に従うだけになり、最高道徳でないものを最高道徳と思い込むようになり、根本の標準から離れていくことになります。

『論文』初版の出版間近の昭和三年（一九二八）十一月三日に、廣池博士はご家族や主な門人の方々と共に伊勢の神宮を参拝されました。このとき同伴された一同の方々に、「第一五十《い》鈴《すず》河《か》畔《はん》の教訓」と呼ばれている重要な教訓を示されました。このたいへん重要な教訓の最後に「著書を精読する事と毎月の集会に出ずる事との二か条を厳守する事。この二か条を怠りて他にいろいろの書を読む如きは異端に陥るものなり」（『教訓抄』一五ページ）と申し添えられました。このときは、特に『論文』の完成に際しての報告と感謝報恩の真心を込めての参拝でしたので、この教訓の冒頭の「著書」が『道徳科学の論文』を意味することは明らかです。

　廣池博士は精神の親として、真剣に教えを守り、実行しようと努力している精神の子供たちの真心はよく認めておられても、熱心・真面目・勤勉だけでは根本の標準を見失いやすいこともよく承知しておられて、精神の子供一人ひとりと「モラロジーの

伊勢の神宮参拝の記念写真（昭和３年11月３日）

建設」の将来を思う深い願いと祈りを込めて、この重要な教訓の最後に、常に原典である『論文』によって最高道徳の標準を学び直し続けることと、求めて先輩につながり、感化を受け続けることの重要性について念を押されたのです。

　私は、若いときにこの教訓の重要性について先輩から教えをいただきました。これまでを振り返ると、それが私の心づかいの「御守り」となり、この教訓によって守られ、導かれてきたところ大であったと思われ、深く感謝しています。

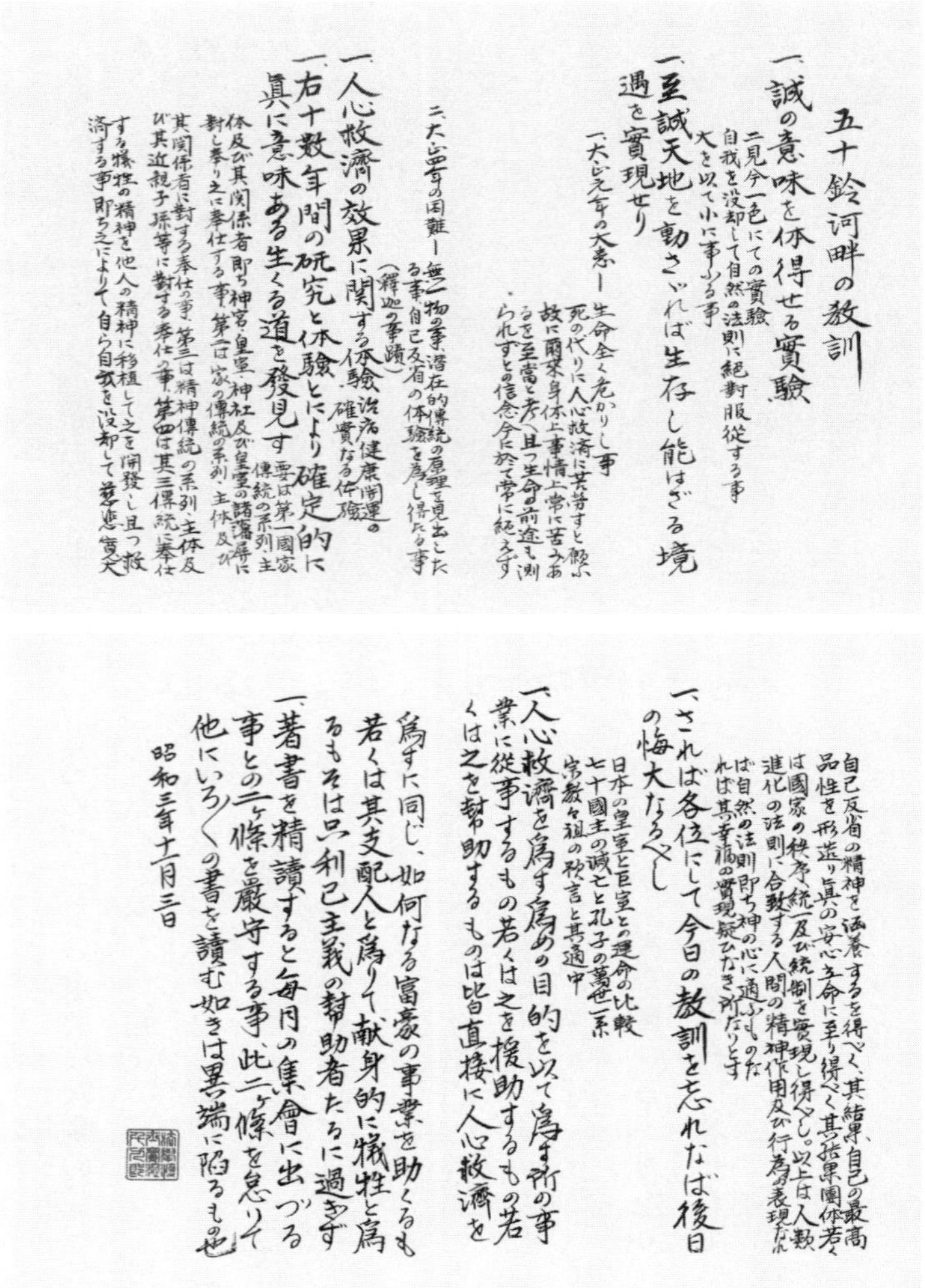
五十鈴河畔の教訓

一、誠の意味を体得せる實驗
二見今一色にての實驗
自我を没却して自然の法則に絶對服従する事
大を以て小に事ふる事

一、至誠天地を動かさゞれば生存し能はざる境遇を實現せり
一、大正元年の大患ー生命全く危かりし事
死の代りに人心救濟に其労すと願ふ故に爾來身体上事情上常に苦みあるを至當と考へ且つ生命の前途も測られずとの信念今に於て常に絶えず
二、大正四年の困難ー無一物の事、潜在的傳統の原理を見出したる事、自己反省の体驗を為し得たる事
（釋迦の事蹟）

一、人心救濟の效果に關する体驗、治病健康開運の確實なる体驗
一、右十數年間の研究と体驗とにより確定的に眞に意味ある生くる道を發見す
要は第一國家傳統の系列、主体及び其関係者即ち神宮・皇室・神社及び皇室の諸藩屏に對し奉り之に奉仕する事、第二は家の傳統の系列、主体及び其関係者に對する奉仕の事、第三は精神傳統の系列、主体及び其近親子孫等に對する奉仕の事、第四は其三傳統に奉仕する犠牲の精神を他人の精神に移植して之を開發し且つ救濟する事即ち之によりて自ら自我を没却して慈悲寛大
自己反省の精神を涵養するを得べく、其結果、自己の最高品性を形造り眞の安心立命に至り得べく其結果團体若くは國家の秩序、統一及び統制を實現し得べし。以上は人類進化の法則に合致する人間の精神作用及び行為の表現なれば自然の法則即ち神の心に適ふものなれば其幸福の實現疑ひなき所なりとす

一、されば各位にして今日の教訓を忘れなば後日の悔大なるべし
日本の皇室と臣室との運命の比較
七十國主の滅亡と孔子の萬世一系
宗教々祖の秘言と其適中

一、「人心救濟を為す為めの目的を以て為す所の事業に従事するもの若くは之を援助するもの若くは之を幇助するものは皆直接に人心救濟を為すに同じ、如何なる富豪の事業を助くるも若くは其支配人と為りて献身的に犠牲と為るもそは只利己主義の幇助者たるに過ぎず
一、著書を精讀すると毎月の集會に出づる事との二ヶ條を嚴守する事、此二ヶ條を怠りて他にいろいろの書を讀む如きは異端に陥るもの也」

昭和三年十一月三日

「第一五十鈴河畔の教訓」の原稿

四、入門する

廣池博士から直接に薫陶を受け、モラロジーを学ばれた多くの先人・先輩は、どなたもが、強く求めて廣池博士の門に入られ、門人としての自覚を持ち続けられ、門人としての責任を尽くされました。また、モラロジーを真剣に学び、最高道徳の実行を本気でめざす人たち一人ひとりを、廣池博士は門人として、とても大切にされました。廣池博士と門人の方々との精神的つながりの深さは格別で、遠く離れていても、いつもお互いに相手のそのときの心を手に取るように察し合えていたと思えるほどでした。

モラロジーは開かれた学問ですから、廣池千九郎という人を離れても存在し、その存在価値があります。モラロジーと最高道徳は聖人の伝統をそのままに継承する純粋正統の学問であり、道徳ですから、その精神を正しく伝える精神的伝統は廣池博士だけではありません。しかし、モラロジーによって純粋正統の学問の存在を知り、求めて学ぶ人たちにとっては、最高道徳の精神伝統としての廣池博士の大恩を念《おも》い、みずから求めて精神的に深くつながることなしに、その生命に触れ、その真髄を体得することはきわめて難しいことです。

私は廣池博士が逝去された翌年の生まれですから、直接お目にかかることは叶《かな》いませんでしたが、私もお願いをして廣池先生の門に入れていただき、毎日直接に懇切に教えをいただき、特別の感化をいただいてきました。それができたのは、後世の私たちも求めれば直接に教えと感化をいただけるように、その手掛かりや拠り所となる書物、遺稿、事跡、人、施設、組織、研究・教育活動など、たいへん多くを、廣池博士ご自身が、みずから深い願いと祈りを込めて遺してくださったからです。廣池博士ほど、後世にも及ぶ深い救済心から、ご自身の最高道徳実行のご事跡、特にそのお心づかいのありのままを、求める人に正しく伝わるように、心を尽くして遺された人はほかにないと思われます。特に『道徳科学の論文』は、後世の私たちのために遺された数多くのものの中で、今も、また今後においても、廣池博士の門に入り、門人として直接に教えと感化をいただく拠り所として最も重要なものです。

私がみずからモラロジーに道を求め、『論文』によってモラロジーを学ぶことは、廣池博士が私のために直接にモラロジーのお話をしてくださるということです。真剣に求めれば、『論文』によって、廣池博士は何でも教えてくださいますし、よく分かったこと、心から大切と思えることを実行してみて、また、同じところを読み返すことによって、実行の報告をすることも相談をすることも質問をすることもできます。そのように、『論文』によって廣池博士との対話を重ねると、モラロジー・最高道徳を学ぶことができるだけでなく、廣池千九郎博士という人を深く理解できるようになり、先生を身近に感じて親しいつながりも実感できるようになります。また、先生が私にもお心を向けてくださり、私のことを知ってくださり、よく理解してくださっているという実感も湧いてきます。その上で入門をお願いすれば、『論文』によって廣池博士が入門をお認めくださり、精神の子供にしていただけたと思えます。

門人になるということは、教えと感化をいただくだけでなく、門人としての責任・使命もいただくことになります。廣池博士が永続を期して着手され、みずから進められ後世に託された「モラロジーの建設」という偉大な事業のために、廣池博士の手足となってお手伝いをさせていただけることが、門人の特典です。そうすることによって、最高道徳の修養がまったく不十分なままでも、廣池博士のご実行につながることができて、先生のご至誠に共感し、感動し、感謝し、報恩することによって、最高道徳実行の喜びも共に味わうことができます。

私はこれまでに、廣池博士以外にもたいへん多くの立派な師との出会いに恵まれ、たいへん多くの大切な教えをいただいてきましたので、その恩恵に心から感謝しています。しかし、真に意味ある生き方の中核となる最高道徳の伝統尊重・伝統本位や人心開発救済の重要性とその実行の方法を、私が深く理解し、心から納得できるように教えてくださったのは、廣池博士だけです。私にとりましては、ほかの誰でもない廣池千九郎博士が、私を更生の道に導いてくださった真正の精神伝統ですから、先生を精神の親として尊敬し、尊重し、その大恩に感謝し、報恩の真心を養い、奉仕することなしに、私がモラロジーを正しく学び、最高道徳の実行を本気でめざすことができるとは思えません。

五、真の安心・満足・喜びを知る

廣池博士の身近でお手伝いをされ、教えを受けた多くの先輩のどなたもが実感されていたことの一つは、お傍《そば》に身を置くだけで安心ができ、どのようなことにでも、それができるかどうか結果を心配して不安になることもなく、安心してお手伝いができたということです。また、その安心が、それまでに求め、体験していた安心とはその実質が異なるものであることも感じておられました。

また、お申し付けをいただいたことが、どれほど苦労と困難を伴うものでも、どなたもが、そのことにまったく不平・不満がなく、そのときの苦労・困難も、喜びと感謝の心でたいへん嬉《うれ》しそうにお話しになりました。先生のお手伝いができるなら、苦労が多いほどその喜びも大きいと感じておられるように思えました。その喜びも、思うことが思うようになったときや欲望が満たされたときの喜びとは非常に違うものが伝わってきました。

誰もが常に求めている安心・満足・喜びにも、それが利己的な心づかいによるものか、最高道徳の心づかいによるものかで、その実質に大きな違いがあります。安心について、『廣池千九郎日記』に、「安心に二つあり。立命的安心もしくは神頼的安心と物質的もしくは人頼的安心となり。甲は清心的、進取的、努力的なり。乙は溷濁《こんだく》的、保守的、懈怠《けたい》的なり」（大正二年、『日記』①、二〇六ページ）とあります。また、『論文』では、「明朗清新」という言葉を「明るく、ほがらかな気分」（『論文』①序文四一～四二ページ）と説明され、この気分にも、利己的本能の現れと最高道徳の実行によるものとがあって、「この区別を知らねばなりませぬ」（同四三ページ）と記しておられます。私たちは、日々の暮らしの中で、道徳的に生き、道徳的に安心・満足・喜びを得ていると思っていても、最高道徳の真の安心・真の満足・真の喜びを知っているとは言えません。

最高道徳の主眼はその心づかいにありますから、『論文』から学ぶことの主眼は最高道徳の心づかいです。廣池博士は人を助け、人に真の安心・満足・幸福を与えるために筆舌に尽くし難い苦労をされましたが、その苦労には不安もなく、不満もなく、不快もなく、まったく安心し、満足し、喜んで、すべてを行われました。『論文』執筆中もその後も、廣池博士は終始、最高道徳の安心・満足・喜びの心で、真に有益なことのためには、目に見える形としては終生たいへんな苦労・困難を乗り越える精進・努力を続けられました。多くの門人の方々は、最高道徳の格言にある「形は苦しみ心は喜び徹底して光を発す」（『論文』⑨三八三ページ）のお姿を、実際に目の当たりにされたのです。

『論文』初版が発刊された昭和三年の『日記』に、門人の方が廣池博士の病状を記録しています。「発汗甚だしく」（『日記』③二〇〇ページ）、「想像以上のお苦しみ」（同）、

「一日二十二、三回御入浴なさる」（同）、「御食欲《しょくよく》なく」（同）、「お苦しみの時は、近所まで聞こゆるほどにうめき声をお出しに」（同二〇一ページ）という状況の中で、「少しでもお苦しみの減じたる時は、直《す》ぐに筆をとって原稿を認《したた》められ」（同）、また、このときの先生のご様子を「お元気も平素の通り」（同二〇〇ページ）、「別に御衰弱なさらぬ」（同二〇一ページ）とも記されています。

廣池博士は『論文』執筆中、終始ご自身の心づかいに細心の注意を払われ、反省を重ねられました。『論文』の記述は、すべて廣池博士の最高道徳の心づかいの現れです。『論文』の全体を繰り返し学ぶことによって、廣池博士の全人格に触れることができて、言葉や個別の行為では表現しきれない、最高道徳の真の慈悲と、真の安心・満足・喜びの心づかいを知ることができます。

最高道徳実行の真の効果はすぐに現出するものでなく、実行を永く継続しなければ目に見えて自覚できるようには現れません。真の偉大な効果は「年を積み代を累《かさ》ねて」（『論文』⑨一一三ページ）実行して後に現れるものですが、最高道徳の実行を本気でめざすことに心を定めるだけで直ちに現出する偉大な効果もあります。『論文』によって廣池博士の精神の子供となり、教えと感化をいただき、最高道徳を自分の生きる道とすることを固く決意すれば、それだけで、今与えられ、わが身が置かれている状況はそのままでも、直ちに、それまでには体験できなかった安心・満足・喜びを知り、実感することもできるのです。

第三章　『道徳科学の論文』に学ぶ方法

学ぶ方法についても、重要なことは『道徳科学の論文』に懇切に記述されています。特に「第二版の自序文」と「第一版自序」には、モラロジーという学問及び『論文』という書物の全体像と、そこに込められた意図と願いとが記述されていて、『論文』に学ぶ心構えと方法の基礎となる重要な考え方の標準が明らかにされています。

『論文』第二版では、「第二版の自序文」を冒頭に掲げられ、その表題の下に「まずこの自序文を熟読せられたし。巻頭に自序文を掲ぐることは甚だ不遜《ふそん》の恐れあれど、各位に本文を読んでいただくため、やむを得ず然《しか》り」（『論文』①序文一ページ）と記されています。

この注記から、廣池博士は、心ある多くの人たちが『論文』の存在を知って読もうとしたとしても、なかなか本文を読んでもらえないこと、また、読み始めたとしても、多くの人たちがその真の価値を知る前に読むのを止めてしまうことも、よく承知しておられたことが分かります。それでも『論文』には、誰もがそれまでに気づいていなかった、その人自身にとっても、広く世のため人のためにも、いちばん必要でいちばん大切なことが書いてあるので、自序文を熟読することによってそのことを理解した上で実際に本文を読み、真に助かる道に登ってほしいという、深い願いと強い思いが伝わってきます。

学ぶ方法の出発点は、『論文』を読み、『論文』に学ぶ志を確かなものにするために、特に「第二版の自序文」を落ち着いた心で丁寧に熟読して、特にその全文に込められている意図と願いをしっかりと受けとめることです。

学ぶ方法の基本は、著者である廣池博士のご指示に従うことが第一ですが、学び続けるためには、学ぶ過程で、それぞれがそれぞれにさまざまな工夫を重ねなければなりません。方法の工夫を重ねる上でも、その基礎となる具体的・実際的な標準が必要です。幸い、多くの先輩の方々が、すでに『論文』によって永くモラロジーを学び続け、本気で最高道徳の実行をめざし続けてこられて、学び方の模範を示し遺してくださっています。私は先輩方から、学ぶ方法について直接に言葉にして教えていただいたというよりも、みずから工夫を重ねる中で、先人・先輩が実際になさっていることを求めて見聞することによって、多くを学ぶことができました。

これまでに学んだこと、気づいたことのいくつかを、以下に挙げてみます。

一、公平な心で読む

　モラロジーを学び、最高道徳を実行するために『道徳科学の論文』を読むことに心を定めていても、実際に読むときの動機・目的の心づかいは、人により場合によりさまざまです。『論文』を読むときにも、お話を聴くときにも、仲間と共に学ぶときにも、そのときに自分で選択した心を使っています。

　『論文』の第一緒言第五条「モラロジーの生命」において、特に「本書に述ぶるところの最高道徳は、ことごとく私の過去において実行させていただいたところのことであります」（『論文』①序文一〇二ページ）と記されています。『論文』の記述はすべて廣池博士の最高道徳の心づかいの表現ですから、読むときの自分の心をできるだけその精神に沿うように整えて臨みませんと、理解することが難しく、また誤解しやすいのです。無意識のうちにでも自分の欲のために利用しようとか、あるいは身勝手な利己心を正当化しようとする心で読むのと、真に人の幸せを願う心で読むのとでは、心に伝わる内容はまったく違います。『論文』を執筆される廣池博士のお姿を思い浮かべ、そのお心に添えるよう、人を真に幸せにし、人の住む世を真に善くすることを願う心を造って読むことに努めてみると、新しい気づきに恵まれ、よく理解できるようになります。

お話を聴くときにも、仲間と共に学ぶときにも、一人で読むときにも、廣池博士の重要な格言、教訓、訓示など、特別の教えを決めておいてそれを読み直してから始めると、心を整え、最高道徳を学ぶ心になることも助けていただけます。私は今も廣池博士の教えに道を求める多くの仲間との『論文』に学ぶ多くの会をお世話したり、参加させていただいたりしています。始めてからもう約四十年になる会もあります。そのような会のはじめに、『論文』第二巻の最高道徳の格言や廣池博士の教訓を読むことを続けてきていますが、そのことによっても助けられ、守っていただいてきたと思います。

自分の好みや利益を標準とする自己本位の価値基準によって読むと、『論文』は理解することがたいへん難しい書物になります。自分の知識と価値観の土俵の中で『論文』の記述をあれこれ批評したり評価したり、あるいは必要と思えることだけを選び出すなどのことを止めて、自分の狭い土俵を出て廣池博士の精神の土俵に入り、記述されていることのありのままをまず素直に受けとめることに心を定めるだけでも、その難しさが大きく変わります。

『論文』を読む上での注意として、廣池博士は、特に「つとめて私心を去り公平の御精神にて御覧くださらんことを希《ねが》います。もし大方の士中において、単に本書の形式上の欠点のみに御眼が着いて、私の真の精神の存するところに御理解がなかったならば、その不幸はひとりその人のみにはとどまりませぬ」(『論文』①序文一〇五ページ)と述べておられます。

二、品性を目的とする

廣池博士は、学問・教育の根本原理として、『孟子』の「修天爵而人爵従之」〈天爵を修めて人爵これに従う〉(『論文』⑨二九九ページ)を書にして木に刻まれ、掲板とされて、モラロジーに基づく純粋正統の学問・教育の中心となる講堂の正面に掲げられました。

昭和十年(一九三五)四月一日、道徳科学専攻塾第一期生の入塾式で、廣池博士は、あらゆる人生問題解決の根本は運命の改善にあること、人間の運命は改善できること、

昭和10年４月１日、道徳科学専攻塾第一期生の入塾式

また、その改善の根本が各自の品性であることをお話しになり、そのお話が出席された多くの方々の心に永く残りました。開塾当初は講堂が唯一の教室でもあったのですが、廣池博士はモラロジーを学び、研究する人たちがこの標準を常に念頭に置いて忘れることがないよう、教壇の後ろ、講師の頭上にこの掲板を掲げられました。廣池博士ご自身も、この聖人の教えを背にし、頭上にいただかれて、人間実生活及び人間実社会の根本は、最高道徳の実行を累積することによって養われる品性であることを、人々の心に届くように話されたのです。

真に頼れるものは品性であり、人を真に幸せにする上で根本となるものも品性です。

いつでも、どこでも、いかなるとき、いかなる場合にも、真の善因は最高道徳の実行であり、その真の善果は実行した人自身に養われる品性です。「モラロジーは品性完成の科学にして最高道徳の理解及び実行によりてその目的を達成す」（『論文』⑦三ページ）るのですから、『論文』によってモラロジーを学ぶことの主眼は、終始、自他の品性を高めるために最高道徳の心づかいを学び、その心を発揮して体得することです。『論文』によって最高道徳の心づかいを学び、学んだ心づかいで読めば、『論文』を読むことが最高道徳の実行となり、自己の品性を高めることになります。

私が教えをいただいた多くのモラロジーの先輩方は、折あるごとに、最高道徳実行の原動力である動機は贖罪《しょくざい》・報恩であること、また、帰着点である目的は自己の品性完成であることを、さまざまな表現によって、繰り返し懇切に念を押して教えてくださいました。それだけ先輩方も、モラロジーを学び、最高道徳の修養を行う上での根本の目的を常に心に留めて、この標準を誤ることがないよう努力しておられたのです。それは、誠実に熱心に最高道徳の修養をめざしている人にとっても、その根本の標準となる真の目的は、見失いやすく誤りやすいということでもあります。

品性を目的とすることを心に留めて読み始めても、読み進めるうちにさまざまな雑念が心に起こり、知らず知らずのうちに利己的な心づかいになることを繰り返します。『論文』によって不断にモラロジーを学び続けることは、道徳実行の動機・目的の心づかいの根本を改善する心の修養でもあるのです。

三、全巻を読むことをめざす

『論文』に記述されていることのすべてが、モラロジーによって心の目を開き、最高道徳の必要を真に自覚し実行するために必要です。廣池千九郎博士の門人となって、モラロジーを学び続けるためには、まずはじめに『論文』全巻を常に身近に備えて、その全巻を読むことをめざすことです。どこを読んでも、その部分からだけでも有益なことを学べますが、全巻を読むことを前提に部分を読むのと、特別の関心や必要からただその部分だけを読むのとでは、読み方も気づきも違います。

全巻を読むためには、まず、全体の組織と目的を知るために記述された序文と緒言をよく読みます。また、別巻の「総目録」によって、より詳しくモラロジーという学問の要点と全体の体系を知ることもできます。全巻の目次である「総目録」は、別巻の三ページから八九ページまで、八十七ページにわたりますが、各巻、各章、各項、各節、各目、各参考・追加文の表題が分かりやすく懇切に表現されていますので、それを通読することによって、全体の組織と内容の概略を理解することができます。モラロジーは広汎《こうはん》・深遠な学問であり、『論文』は大部の書物ですから、常に今読んでいる部分の全体系の中での位置を理解し、自覚しつつ読むことが、その部分の意味・内容を正しく理解する上でたいへん重要です。はじめに「総目録」を通読しておくと、必要なときには常に「総目録」によってその確認をしつつ、読み進めることができます。各章の表題だけを書き出しておいて、それを常に参照しつつ読むだけでも、全体を見失うことなく読み進める助けになります。

廣池博士は、『論文』第一緒言第七条で、『論文』の記述について「その含蓄するところの意義は極めて複雑にして且つ難解を免れぬことと思います。故にいかに賢明なる御方にても、単に本書の一部分を読むか、もしくはたといその全部にわたりて通読さるるにせよ、ただ一読のみにてはとうていその真髄を体得さるることは不可能ならんと存じます」(『論文』①序文一〇四～一〇五ページ)、また「希わくば再三再四あまねく御通読くださらんことを」(同一〇五ページ)とも述べておられます。廣池博士は精神の親として、『論文』が難しいことも、したがって、なかなか全巻を読もうとしてもらえないことも、心を決めて読み始めても、難しいからといって中途で止めそうになることや、一回だけ読んで、あるいは一部分だけを読んで分かったような気になりやすいことや、自分の標準で自分勝手な読み方に陥りやすいことなどもよく承知しておられて、その上で「難しくても何よりも大切なことだから、全巻を何回も何回も読み直し、読み続けてください」と、真実の救済心から、精神の子供である私たちに願ってくださっているのです。

世界のより多くの心ある人たちにモラロジーを正しく知っていただくためには、まず、今モラロジーを学んでいる人のより多くが『論文』によって廣池千九郎博士とつながり、全巻を読むことをめざして正しくモラロジーを学び、より深くその価値を知ることが求められます。

『論文』は全巻で『論文』です。『論文』によってモラロジーを学ぶ志を立てた人への、著者である廣池千九郎博士の期待と願いは、まずはじめに全巻を読むことをめざし、著者の意図に従って序文より始め、その記述の順序に沿って読むことです。

四、毎日読む

一度読み始めたら、弛《たゆ》まず続けることが重要ですから、最初に固く心に定めることは、止めない、休まないということです。はじめに固い決心をしていても、読み続ける過程でその決心を守り続けるために、さまざまな工夫が必要になります。

確実に続けるために、誰もができる有効な方法は、短い時間にわずかな量でも、毎日必ず読むことです。そのためには、読むための確実な時間と場所を決めておくことが有効です。いつでも、どこでも読むことはできますが、一日に一度、この時間にこの場所でという確実な場所と時間を決めていると、毎日読むことが日々の生活の一部となり、習慣となって、無理なく続けることができます。

学問としてのモラロジーの全体を把握してその内容を深く理解するためには、毎日少しずつ読むだけでなく、特に『論文』を読むだけのためにまとまった時間を設けて、長時間集中し、没頭して読むことも必要です。読み続けていると、ときには何日も続けてそれだけに集中することや、日常を離れて、公益財団法人モラロジー研究所・柏生涯学習センターで開催されている論文講座を受講する必要も強く感じるようになります。そのような集中的な研究・学習を有意義・有効にするためにも、普段、毎日少しずつでも読み続けていることが基本にあるかどうかで大きな違いを生みます。

学問としての全体系を学ぶことによって、心が開発され、最高道徳の必要性とその実行の可能性を深く理解することができます。それは永い時間をかけて、『論文』を読み続ける努力を重ねてできることです。しかし、日々読み続ける中で、どこを読んでも、さまざまな気づきがあります。その主眼は、最高道徳の心づかいです。

日々の暮らしの中での心づかいは、常に自己本位・利己的に働きやすく、最高道徳の標準を知っていて、それを守ろうとしていても、知らず知らずのうちに正しい標準を見失います。心づかいは日常不断のことですから、最高道徳の心づかいを学び続け、その実行をめざす志を守り続ける最善の方法は、『論文』によって毎日モラロジーを学び続け、廣池博士の感化を受け続けることです。

五、言葉を大切にする

廣池博士は、日本古典、中国古典の深い研究と共に、日本文法及び漢文法の専門的な研究にも携わり、前人未到の分野の学術書や国語の教科書なども出版するほどに、言葉を専門に研究された学者でもあります。『論文』の記述は、言葉の使い方にも深い配慮がなされており、特に重要な言葉については、『論文』の中で詳しく説明されています。

日本人は、古くから言葉をたいへん大切にしてきた民族です。それは祖先・先人を尊敬し、その恩恵に感謝する日本人の心によるもので、言葉を祖先から受け継いだありがたく尊い遺産として、大切にその本来の形と意味を守ってきたのです。千年以上も前の先人の和歌を今も理解し、その心に共感できるのは、祖先を尊敬・尊重・崇拝する精神から、先人の暮らしや心情を正しく理解し、正しく伝えるために、先人が遺した言葉を、日本皇室を中心に大切に守り続けてきたからです。

日本全国には、その起源が『古事記』や『日本書紀』に記述されている多くの地名が、今も変わることなく残されています。永い歴史の中では、どの地域でもさまざまな大きな変動・変革があったにもかかわらず、先人から受け継いだ地名を千年以上もそのままに大切に守り続けてきたということです。それが近年になって、日本全国の多くの地名が、これまでの永い歴史の中では一時的としか思えない理由によって変えられてきています。その事実に象徴されるように、地名だけでなく、多くの言葉の意味や用法も、特にこの半世紀余りの間に大きく変えられてきているのです。それは、わが国の歴史の中でたいへん特殊なことです。

『論文』に用いられている多くの重要な言葉にも、現在広く一般に理解されている意味が、本来の正しい意味から大きく外れているものがあります。『論文』を正しく読み、正しく理解するためには、そのことをよく自覚して、意味がよく分からない言葉だけでなく、すでによく知っていると思っている言葉についても、よい辞書によって、できるだけその本来の正しい意味を調べ直し、確認することが必要です。

六、共に学ぶ仲間を大切にする

私が『論文』によって永くモラロジーを学び続けてくることができたのは、何よりも、『論文』に込められた廣池千九郎博士の真実の救済心に触れ、学べば学ぶほど『論文』に学ぶことの意義についての理解と実感が深まり続けてきたことによります。それを知るに至るまでには、たいへん多くの先人・先輩の方々の真心とご指導をいただいてきました。

また、私が本気で学ぼうと心を定めたときには、必ず同じ道を求めて共に学ぶ仲間が身近にいてくださいました。これまで私が学び続けてくる上で、仲間の存在によって支えられてきたことが、たいへん大きかったと思います。

昭和六年九月に発刊された『新科学モラロジー及び最高道徳に関する重要注意』の最後の第二十三条は「最高道徳の実行は独立的なれどその修養は必ず団体的なるを要す」で、特に「最高道徳の団体に加わりて、一方には先輩の指導を受け、かつ一方には多数人の実行を見聞してこれに揉《も》まれねば、真の誠の心はできぬものであります。

一人孤立の信仰は利己主義に陥りやすいのであります」（『語録』二一七ページ）と記されています。

最高道徳の実行をめざす心の修養には、必ず師と仲間が必要であり、求めて師の教えと指導を受け、求めて仲間と共に学ぶことに努めないと、修養が利己的な自己流に陥りやすいということです。正しく学び、正しく実行するためには、常に自分の偏った思い込みや思い違いに気づき、正しい標準に目が開かれることや、適切な問いを立てて公平な心でよく考えることも求められます。仲間と共に学ぶたびに、いつも必ず、そのような意味でのありがたい気づきや反省があります。

これまで多くの方々と共にモラロジーを学んできて、強く実感し、感謝していることは、モラロジー・最高道徳を共に学ぶことでつながっている仲間はたいへん特別であるということです。何よりも、同じ精神の親につながる特別の「きょうだい」として、そのつながりは永く続き、格別に深いものとなります。求めれば、共に学ぶどなたからも学ぶべきことがあります。また、互いの運命に確実に善い影響を与え合っているという実感もあります。

難しいと思うこと、分からないことは、主にモラロジーの原典や師から学べることが多いのですが、仲間との間では、難しいこと・分からないことよりも、よく分かることや心から大切と思えることを互いに共有し合うことを主とすると、共に学んだことがすぐに実行につながるので、より有意義に多くを学ぶことができます。

七、常に精神伝統の大恩を念う

正しく永く学び続けるためにいちばん重要なことは、学んでいることの起源である精神伝統の大恩を常に念頭に置いて忘れないことです。弛まず粘り強く道を求め続けるためにも、学ぶ心の標準を見失わないためにも、学んでいることがどこから来ていて、誰によるものかを忘れずに、常にモラロジー・最高道徳の精神伝統への尊敬・感謝・報恩の心で学ぶということです。それは、本来はどのような領域においても、先学・先師の苦労・努力の累積の結果である学問を学ぶ上での基礎として、最も重要なことです。

『礼記《らいき》』学記第十八に、「大学始教、皮弁祭菜、示敬道也」(大学にて始めて教うるに、皮弁《ひべん》して祭菜《さいさい》するは、道を敬するを示すなり)とあります。大学ではじめて教えるときに、服装・身なりを正し、お供えをして先師のお祭りをするのは、道（学問、学芸）への尊敬を示すためであるというのです。私たちが先人から受け継ぎ、今もその形を継承し続けている入学式、卒業式、始業式、始業・終業の挨拶《あいさつ》などは、すべて先学・先師のそのような思い・願いから始められ、受け継がれてきたことであると思われます。また、現在では、形は受け継がれていても、その精神が受け継がれているでしょうか。形までも失われつつあるのではないかと心配されます。

いかなることにもさまざまな原因がありますが、多くの原因の中で、特に心に留めるべき重要な原因があります。『論文』に学ぶ上で最も重要なことは、モラロジーの精神伝統の至誠と道徳的な犠牲・苦労・努力です。そのことを常に念頭に置いていれば、学べてよかった、理解できてよかった、実行できてよかったという思いが、必ず精神伝統への感謝・報恩の心となります。また、自己の欠点や誤りに気づいて反省できたときも、気づけたことは精神伝統の教えによるものですから、まず精神伝統に感謝ができて、自分を責めるよりも、気づけたことを喜べます。

『論文』によって学ぶモラロジー・最高道徳は、常にこのような精神によって、これまで絶えることなく学び続けられ、伝え続けられてきたのです。

第四章　モラロジーと『道徳科学の論文』

廣池千九郎博士の事跡を『伝記　廣池千九郎』『廣池千九郎日記』などによって知ると、その全生涯にわたって一貫するいくつかの重要な特色があることに気づきます。その全生涯を貫く精神と生き方からも、貴重な教えと感化をいただきました。

『伝記』が発刊されたときに、その生涯からあらためて強く感じたのは、全生涯にわたって実行され、体験されたことが、すべて真に有益なことのために生かされていて無駄がないということです。それは、与えられたすべてを自己の運命として感謝して受けとめ、すべてを有益なことのために生かすことをみずからの使命として自覚され、その使命を果たす生き方を貫かれたということです。

それができたのは、特に後半生がまったく法則に適《かな》った生き方であったから、結果として前半生の苦労もすべて生かされたということであるのですが、それだけではなくて、その生き方には少年のころより、普通一般の人とは非常に異なるところがあります。日々の暮らしの中での選択においても、また、特にその後の人生の方向を決めるような重要な選択においても、その選択の標準の根本が一貫していて、その標準には、ほかの一般の人たちの生き方とは異なる際立った特色があるのです。普通一般には、人生の中での選択は、多くは主に自己本位の好みや利益を動機とする標準によってなされています。

廣池博士はお若いときからご自身の能力をみずから研《みが》かれ、発揮されていて、強い自信もお持ちでしたが、特にその力を、自分のためにというよりも、世のため人のために生かしたいという高い志を持ち続けられました。十四歳のときから教育者として力を尽くし、その後、歴史学を志し、さらに法学の研究に進まれ、最後に道徳の科学的研究に専念されるようになられたのも、すべてご自身の得意不得意、好き嫌い、損得などではなく、高い志を実現するために、そのときにいちばん大切であると考えられた道を選ばれています。

進むべき道として、常にいちばん大切と思われたことを選ぶ生き方を重ねて到達された「いちばん大切なことの中のいちばん大切なこと」が、モラロジーの研究と教育でした。それは廣池博士にとって、人間として何よりも有益で何よりも意味ある究極の善事であり、その生涯の学問と躬行《きゅうこう》の集大成であるのです。

一、生涯に一貫するもの

廣池博士の青年時代の『日記』には、「世を救うの事業」(『日記』①二五ページ)、「一つの世を益する事業を興《おこ》さんとす」(同二九ページ)などの高い志を表現された言葉が多く見られます。また、「我《わ》れ、家産一万円に達すれば孤児五十人を養わん」(同二五〜二六ページ)、「五十以上にて国事に奔走、死を致すも可なり」(同三二ページ)などの記述もあります。

廣池博士は慶応二年(一八六六)のお生まれで、それは大政奉還の前年、二百数十年も続いた徳川幕府による政治体制が終わろうとしていたときです。日本はまったく新しい時代を迎え、諸外国の新たな脅威と共に、近代化の大きな流れの中で、西洋文明の影響も急激に受けて、国の制度や人々の考え方・暮らし方も大きく変わる激動のときでした。廣池博士はこのようなわが国の永い歴史の中でもきわめて特別のときに、大分県中津市で生まれ、高い志を抱いて「世を益する」生涯の第一歩を踏み出しました。

少年のころより変わることなく、生涯を通じて一貫して守り続けられたことが二つあります。その第一は、「たいまつ」という言葉に象徴される、「世を益する」ために自己の力と命を捧《ささ》げ尽くす高い志です。その第二は、「惻隠《そくいん》」という言葉に象徴される、弱い人、困っている人、苦しんでいる人たちの困難や苦しみをわがことのように思う深い思いやりです。

廣池博士は人生の岐路ともなるような大切なときに何回も重要な誓いを立て、その後忘れることなく守り続けられました。明治十九年（一八八六）、二十歳のときの誓いに「貧弱を憐《あわ》れむ」（『日記』①三二ページ）とあり、「少年のころより」（『回顧録』一三ページ）善行を積まれ、「常に自己より下の者を憐れみ、ことに吉凶あるごとに些少《さしょう》ながら孤児院、養育院その他に寄付をなし」（同）、旅行をして余ったお金もすべて帰りの駅の慈善箱に入れることも実行しておられました。また、どんなに貧しいときにも、身近に災害があれば努めて寄付をされ、率先して救助活動にも力を尽くされました。

道徳科学専攻塾創立の前年に書かれた「道徳科学研究所と道徳科学教育」の中では、シェイクスピアの戯曲の「天がわれわれを使用するのは、われわれが松明《たいまつ》を使用するのと同じである」という言葉を引き、「他を利することがみずからを利することであって、人間の努力の貴いところは、他を利するにあるのです」と記されています。これは昭和九年（一九三四）に記述されたものですが、このシェイクスピアの「松明」の一節には、若いときに中津で英語を勉強しておられたときに出会われて、それから生涯を通じて心に留めておられたことと思われます。最晩年に至り、みずから命を削るようなご苦労をされ、昭和十二年一月に群馬県水上《みなかみ》の谷川温泉に講堂を開設されたとき、「今や我身《わがみ》は我身自《みずか》らたいまつと為り　我身をやきつくして世界の人心を照らす覚悟なり」（『伝記』六六五ページ）というご覚悟を書にされ、自然石に刻まれました。

また、昭和八年十一月二十三日、廣池博士は多くの門人の方々と共に伊勢の神宮を参拝され、このときに「第二五十鈴河畔の教訓」を示されました。この教訓のいちばん最後に、特に深い思いやりの心について、「忠恕《ちゅうじょ》と惻隠とは共に思いやりの事でありますが、惻隠は特に老人や怪我人や病人やその他の苦痛ある人に対して、その苦痛を我が事の如くに思いやる精神作用を言う。この同情心が真の慈悲心に入る門戸である」（『教訓抄』二三ページ）と述べておられます。

深い思いやりの心から人を助け、人を真に幸せにするために自己のすべてを捧げる生き方に一貫しているものを言葉にすれば、それは「根本」ということです。廣池博士は、学者として、教育者として、また、その他のすべての立場と活動において、常に根本を求め、根本につながり、根本的な解決を図り続けられ、その生き方を、モラロジーという学問によって、後世にも及ぶ多くの人たちも理解し実行できるように明らかにされました。

二、人間実生活の根本

廣池博士は少年のころより、家庭の教育と聖人の教えによって「道徳の重んずべきことを知っており」（『回顧録』一三ページ）、常に心がけて善行を積み、たいへん道徳的な生き方をしておられました。それから学問に志し、教師として必要な学問を学ばれ、実際に教育者として力を尽くされ、真に「世を益する」ために、さらに歴史学、法学、日本の国体などの専門的な研究を進め、学識を深めるとともに道徳的修養も重ねられ、その結果、人類の諸能力・諸活動の中での道徳の権威に確信を持たれるようになりました。

廣池博士は道徳の科学的研究によって「社会はその構成の原因を人間の本能に発し、

しこうして道徳によって完成に到達すべき性質のものたること」(『論文』③一五七ページ)を明らかにされました。個人の人間生活も人間社会も人類文明も、人間精神によって形造られていて、その人間精神の働きの要因である本能・知識・道徳のうち、道徳が根本であるということです。本能と知識も欠くことができないものですが、それらをどのように養い育て、生かすかは、道徳によります。

人類の安心・平和・幸福は、特に道徳の進化によって飛躍的に向上して、人間以外の生き物とは根本的に異なる生活ができるようになりました。しかし、一方では世界の諸聖人によって「人生の根本原理は道徳及び道徳に一致する知識の運用にある」(『論文』④七九ページ)ことが明らかにされているにもかかわらず、実際にはいまだ広く一般には認識されていなくて、道徳よりも本能と知識が重んぜられていることが多く、そのことが、人間実生活の中での争い・悩み・苦しみ、また、人間実社会の混乱の根本の原因になっているのです。

また、「古来人類社会には最高道徳及びこれに基礎を有する学問・思想及び信仰と、人間の自己保存の本能に根拠を有する学問・思想・道徳及び信仰との二種の傾向が同時に存在しておった」(『論文』⑦一七ページ)のであり、人類が先人から受け継いできた道徳には、その起源においても、発達の過程においても、また、人類進化の歴史の中で果たした役割においても、根本的に異なる二つの系統があります。『道徳科学の論文』第一巻の表題は、「因襲的道徳及び最高道徳の原理及び実行に対する科学的考察」で、この二つの道徳の本質と実行の効果が、比較研究され、明らかにされています。

モラロジーという新しい学問が、誰もが理解し、納得できることをめざして証明し、説明しようとしていることの主眼は、道徳が人間実生活の根本であり、特に「人間の生存・発達・安心及び幸福享受の方法は最高道徳の実行にある」（『論文』⑨九ページ）ことです。道徳実行の権威を確実に人類に知らせる必要から、『論文』では「まず因襲的なる普通道徳の実行の効果を科学的に証明し」（『論文』①二一ページ）、さらに人類を救済するためには「いま一歩を進めたる古来東西の聖人の実行せられたる最高道徳でなければならぬこと」（同）が明らかにされています。最高道徳は「宇宙自然の法則、天地の公道もしくは人類進化の法則であって、人間実生活の一切の規則」（『論文』①序文二九ページ）であり、それはまったく自発的な道徳であるのですから、「いかなる人にても、この天地間に生きておるものは、必ずこれを体得し且《か》つ実行せねばならぬ」（同四一ページ）ことを、人々が真に理解し、納得できるように明らかにすることが根本となるのです。

また、実際に人間社会の道徳の質が進歩して、普通道徳から最高道徳に進む傾向がすべてのことに現れてきていて（『論文』④二四四ページ）、最高道徳が誰にも求められ、誰もが実行できる時代になったこと（『論文』⑦四八～四九ページ）も明らかにされています。「最高道徳の実行は時代の要求に伴う人類生活の至要原理」（同四六～四七ページ）であるのです。

しかし、道徳が人間実生活の根本であることは、現実の実生活、実社会、また学問においても、常識あるいは標準として広く共有されてはいません。あらゆる人生問題・社会問題は、すべて根本は道徳問題であるのですが、実際問題の原因がまず第一に道徳に求められることは少なく、したがって、道徳、特に最高道徳によって解決が図られていることはきわめて少ないのです。

道徳は、広く一般には、主に人の行動を外から縛る規範として理解されていて、したくないことをさせられる、あるいはしたいことを抑えられるものとして、敬遠されています。しかし本来、道徳の生命はその自発性にあって、最高道徳は、最高に自発的な道徳であるのです。『論文』には「従来、通常、道徳と称するは人間の精神もしくは行為の一部分の作用中、自己を損して相手方を益することを意味したのでありまず。しかるにモラロジーにていわゆる純粋正統の学問もしくは最高道徳と称するは、自然の法則及びこれに一致するところの人為の法則の全部を意味するのであります」(『論文』①序文一〇九ページ)と記述されています。

道徳実行の効果と最高道徳実行の必要性と可能性を、多くの人々が理解し、納得できるように科学的に証明し、説明する研究は、時代が求める急務(『論文』①一四～一七ページ)なのです。

三、人間の本性

世界の諸聖人は、その救済心から、人間の本性と人間精神の真の可能性を明らかにされ、それを人々の心に伝えることに力を尽くされました。モラロジーは、聖人が明らかにされ、実現された人間の真価を、新しい科学の成果に基づいて、現在とこれからの一般多数の人たちが理解し、納得できる道を新たに拓く学問でもあるので、総合人間学とも呼ばれます。

現在世界で広く共有されている人間観は、近代の行き過ぎた個人主義に強く支配されていて、人間の真価、特に人間精神の真の可能性について、世界諸聖人が明らかにされた人間観とは大きく異なるものが常識となっています。道徳は人を尊重し、大切にすることですが、現在ほとんどすべての人がその価値を認めている人間尊重・個性尊重・人権尊重なども、その基礎となっている人間観によって、人間の何を大切と思い、何を尊重するかが異なります。

聖人は、ありのままの人間の本性を最もよく理解された上で、特に人間としての完成に向かう人間精神の高い可能性を認め、利己的な欲よりも、人間の道徳的な真価に最も深い信頼を置いて、人々を精神的に救う事業に命をかけ、生涯を捧げられました。モラロジーは、聖人の純粋無私のこの救済心をまっすぐに受け継ぐものです。

人間の本性をどのように考えるかによって、人の可能性や真価についての見方が異なり、したがって、人の評価も、人を養い育てる教育の内容も方法も違ってきます。教育の基礎となる人間観には、一般に大きく分けて、性善説と性悪説と呼ばれる二つの傾向があり、人により、時により、場合によって、人間の見方がどちらかに傾いています。性善説の傾向が行き過ぎると、人の善いところだけでなく、正すべき悪いところも放置し、伸ばすことになります。逆に、性悪説の傾向が行き過ぎると、悪いところだけでなく、善いところもその芽を摘み、抑えてしまうことになります。実際には、どちらかに行き過ぎないように、両者の調和を図りつつ教育が行われています。しかし、確かな正しい人間観が基礎にないままで、両者を調和し、性善説と性悪説の間で教育を行うだけでは、人の心を真に育てることはできません。

廣池博士は昭和十年に道徳科学専攻塾を開塾され、その第二年度目の当初の塾長講話で「真の教育と申すは、人間の本質を明らかにした上で施さねば、その肯綮《こうけい》を得るものでない」（昭和十一年四月二十四日、塾長講話、『基礎的重要書類』）と述べられ、人間教育の基礎としての、人間の本性についての聖人正統の考え方をお話しになりました。

昭和五年に発刊された『新科学モラロジー及び最高道徳の特質』では、「人間の自己保存の本能の原理」という章を設け、その中で、特に「モラロジーは人間における本能の原理の研究に関して一つの進境を開きまして、人間実生活の標準を確定いたすことができました。（中略）人類の発達を生物学、人類学、考古学、社会学及びあらゆる歴史の上から見ますれば、その発達の原因はその自己保存の本能のみでなく、その知的本能及びその道徳的本能と、その延長たる知識及び道徳心に存するのでありま す。（中略）しこうして、その間にいわゆる諸聖人の教説と感化とを受けて、もって今日に至っておるのであります」と記されています。

人間の本性については、『書経』より「人心これ危《あや》うく道心これ微《かす》かなり」（『書経』大禹謨、『論文』①序文二ページ、同⑦二〇六ページ）を引かれています。人間はその本性として、私欲に覆われた人心と、私欲を超えた人間の真価である道心の両方を備えていて、人心によって生きることは危険であり、また、道心は人心に比べてわずかしかないということです。したがって、人を真に幸せにするためには、常に人心と道心を見分けて、道徳的修養によって道心を養い育てる必要があることを述べておられます。

『論文』には、「人間の本性が果たして今日科学的に見てもとより善であったかという問題に立ち入って考うるときには、人間の本性は善悪いずれとも申されませぬ。しかしただ人間が自然の一部分であるから、本来これが自然の法則と一致し得べきものであるということだけは断言してよろしいかと思います」（『論文』⑦六七ページ）、また、「人間が真の意味における進化を求め、且つその実現を図るかぎりにおいて、その性は善であるのです」（同六八ページ）と記述されています。

人間の本性が善であるか悪であるかは、科学的にはどちらとも決めることはできないが、人間が自然の法則に従って生きる可能性を備えていることは確かであり、かつ、人が人として生きることの真の目的とそれを実現する方法を知って、その実現をめざして生きるようになれば、その人の本性そのものが善となり、善性を発揮して生きることができるということです。人間が「真の意味における進化を求める」とは品性完成をめざすことであり、「その実現を図る」とは最高道徳の実行をめざすことです。「モラロジーは品性完成の科学にして最高道徳の理解及び実行によりてその目的を達成す」（『論文』⑦三ページ）るのですから、モラロジーは人間の本性そのものを善にして「真に意味ある生きる道」を拓く学問であると言うことができます。

四、新しい学問を拓く

近代以降、自然科学の研究が急速に進み、科学・技術は大きく進歩・発展して、人類文明に多大な影響を与えました。また、自然科学の研究方法は、社会科学・人文科学などのその他の学問分野にも広く採用されるようになり、学問は全体として大きく進歩・前進しました。

ダーウィンが進化論を発表したのは、廣池博士が誕生する七年前であり、廣池博士生誕の年には、チャールズ・ダーウィンは五十七歳でした。また、現代物理学の端緒を拓いた多くの重要な研究成果が相次いで発表されたのは、廣池博士が三十歳代であった二十世紀のはじめのことです。アインシュタインが特殊相対性理論を発表したのは明治三十八年、廣池博士が三十九歳のときです。廣池博士は、現代物理学を中心とする、現在につながる新しい科学の研究が動き始めたときに、総合的・全体的な視野から、道徳の科学的研究に着手されました。

廣池博士は昭和六年十二月発行の『道徳科学研究所紀要』第一号に「モラロジー研究の起原及び沿革の大要」を掲載され、その冒頭で、みずから「私は元来、科学者の性質を有しておりました」(『回顧録』一四七ページ)と記しておられます。道徳科学の研究以前の歴史学・文学・法制史などの研究においても、研究方法はきわめて科学的で、道徳の研究においても、科学的な研究方法が適切であり有効であることは早くから認識していました。

廣池博士が道徳の科学的研究に本格的に着手されるまでにも、「従来欧米において道徳実行の効果を科学的に研究せんとせし学者の計画」（『論文』①七ページ）はなかったわけではありませんが、先行の研究を詳しく調査された上で、「従来道徳の理論を記載したものでは、倫理学かもしくは道徳哲学というようなもののみでありまして、道徳科学というようなもので名の高いものは見当たらぬ」（同）としておられます。

『論文』では、道徳科学の本格的な研究につながる多くの先行研究の中で、オーギュスト・コントの社会学の「その著書の浩瀚《こうかん》・学説の卓越せること及びその人類に及ぼせる功績の偉大なること」（同三八ページ）を高く評価し、「モラロジーは一面にはその系統の一部分をコントの社会学に発しておると申しても差し支えはありませぬ」（同四〇ページ）とも述べておられます。しかし廣池博士は、みずからの道徳科学研究の成果を、それまでの社会学や倫理学の一学説として発表することはされませんでした。それは今後、人類の諸課題に根本的解決の道を拓き、人を真に幸せにし、人の住む世を真に善くするためには、「道徳実行の効果を直接に且つ明確に科学的に証明」（同）し、「最高道徳実行の効果を経験的及び科学的に立証」（同）することが必要であり、それはコントの社会学やその他の従来の学問の枠組みを超えているので、どうしても、そのような研究をめざす「新科学」（同）を新たに拓く必要があったからです。

廣池博士が「道徳実行の効果を純科学的に証明するということは非常に困難」（同一〇ページ）であることを深く認識しながら、新科学としての道徳科学の研究を思い立たれた動機・理由の一つには、その当時「自然科学及び精神科学が長足の進歩」（同八ページ）をして、道徳の科学的研究の可能性を信じることができるようになったということがありました。廣池博士の没後に、特に自然科学は廣池博士が期待され、望まれた方向に、さらに急速に、さらに大きく広く進歩し、発展し続けてきました。

廣池博士による道徳の科学的研究の試みは、その後の新しい科学の進歩とそれに伴う人類文明の多大な変化の予見をも含む、人類の未来へ向けて新しい可能性を拓く重大な先見でもありました。廣池博士は『論文』を発刊するに当たって、「ここに私の発表せんとするところの『道徳科学の論文』はすなわち新科学『モラロジー』の最初の著述であります。しこうしてその実質は純然たる一つの科学的研究の結果にして、全く内外いずれの宗教及び宗教団体にも関係なく、且つある階級・ある民族もしくはある国家に偏することなく、極めて公平にして且つ純粋に科学としての性質を具有するものであります」（『論文』①序文九三ページ）と述べて、『論文』で明らかにされているモラロジーは、まったく公平な立場に立つ、まったく新しい科学であることを宣言しておられます。

五、学問の標準を正す

昭和三年に発刊された『道徳科学の論文』初版の「第一版自序」には、「願わくは世界の最高識者深くこれを研究・翫味《がんみ》且つ体得され、もってまず自己を救い、次に世界を救うて国家及び人類の幸福を保護せられんことを」（『論文』①序文八九ページ）とあり、また、その最後には「世界の識者願わくは深くモラロジーの本質を究められ、もって人類の真の生存・発達・安心及び幸福享受の根本的方法を発見せられんことを」（同九一～九二ページ）と記されました。そして、その「第一版自序」の冒頭の言葉は、「世界諸聖人の真の教説はことごとく現代における自然科学の原理に一致す。しこうしてこの両者は人類の生存・発達・安心及び幸福の原理に合す。しかるに現代のいわゆる精神科学及び諸主義は聖人の教えに反し、自然科学の結論に反するところ甚だ多し。この誤れる精神科学の発達はついに今日〈一九二八年〉の世界思潮の混乱を招致するに至れるなり」（同八五ページ）です。

この当時、世界の多くの心ある識者は、第一次世界大戦後の世界思潮の混乱を憂え、改善の道を求めていました。『論文』初版発刊の折には、対象として特に世界の最高識者を念頭に置いておられて、昭和三年七月一日に記述された「第一版自序」のこの冒頭の言葉が、『道徳科学の論文』による、世界の最高識者に向けた、廣池博士の最初の呼びかけの言葉であったのです。さらにその後、昭和九年一月に脱稿された「第二版の自序文」では、「従来の精神科学においては、その研究の際に使用されたるところの帰納法の資料中に、全く道徳の要素を欠いておるのであります。すなわちこれがその研究上最も重大なる欠陥であるのです」（『論文』①序文二五ページ）と記されています。

大学における学問の研究と教育が全世界においてその権威を高め、国家及び人類に対してその責任がいっそう重大になっているにもかかわらず、聖人の伝統を見失い、その根本の標準を失っていることが世界思潮と世界秩序の混乱の、したがって人類全体の不和・不幸の根本の原因であることは、『論文』の本文で繰り返し指摘されています。しかし、このことはその当時だけでなく、現在も世界の一般多数の学者・識者によって認識され、理解されていることではありません。今も国家的あるいは人類的な多くの課題の原因や解決策を求める上で、その基礎として共有している学問や主義の根本の標準の誤りにまでさかのぼって議論されることは、ほとんどないことなのです。

これまでの学問・教育に基づいて行われてきた政治・経済などの人類の諸活動の結果が、必ずしも真に人類の幸福実現とならずに「現代のごとき人心の分裂及び頽敗《たいはい》を招くようになった」（『論文』①序文一一二ページ）のは、実に学問がこの根本の標準を見失ったことによるのです。「真に人類の生存・発達・安心及び幸福享受の原理に一致するところの学問・思想・道徳及び信仰はいわゆる諸聖人の実現せられたるところのもの」（同）ですが、現在の学問は、一般に諸聖人が明らかにされた標準に基づいているとは言えません。モラロジーは「聖人の実現せられたるところの学問・思想・道徳及び信仰の原理を学問的に組織してこれを純粋正統の学問もしくは最高道徳と命名したので」（同）、その標準は「確固として一定」（同）していて、それは「人類の生存・発達・安心及び幸福享受の原理」（同）であるのです。

モラロジーは、学問の根本の標準を正すことによって「世界各国の社会現象に対し、速やかに根本的に大治療を加うる」（同一一五ページ）使命を、その本質としてはじめから担っているのです。

六、世界を変える

『論文』は、主に大正時代に執筆されましたが、このときの世界は、多くの国々で、国内では階級闘争による紛争が絶えず、また、国家間の厳しい利害の対立から、世界各地に世界大戦につながる多くの火種を孕《はら》む、たいへん不安定で危機的な状況にありました。このような状況の中で、廣池博士は、新科学モラロジーの最初の著書である『道徳科学の論文』を執筆され、昭和三年にその初版を発刊されました。初版は特別に重要な「世界の最高識者」（『論文』①序文一〇六ページ）に格別の意図をもって寄贈されるための、三百五部の「試験的出版」（同）でした。このときに公刊することについて、学者としては「その研究甚だ不完全でありますから、これを公にすることは今後なお多大の年月を費やさねばならぬこと」（同）とされながら、「世界の平和及び人類の幸福実現上、現時世界の傾向を見逃すことが出来ぬために、ただ試みにここに極めて僅少《きんしょう》の試験的出版をなし」（同）、それから「なるべく速やかに」（同一〇七ペー

昭和３年12月25日発行の『道徳科学の論文』初版

ジ）英文に翻訳して出版される予定を立てておられました。

それは、何よりもまず「世界永遠の平和の問題はもちろん、労働問題その他人類の危機を含むところの諸問題の解決につきては、その諸問題の中心地たる欧米の最高識者と協議を重ぬる必要」（同一〇七ページ）があるので、みずから欧米を巡回して各国の最高識者と世界が直面している諸問題の根本的解決法を議するためで、このときに発刊された『論文』は「その協議の原案書」（同）とすることをも意図しておられました。

廣池博士は『論文』執筆中から、このような緊急で遠大な目的をもってみずから欧米を旅行する計画を立てておられました。『論文』初版を発刊されたころに書かれた、この計画に関する「覚え書き」には、その冒頭に「まず米国に渡航」とあり、その目的の第一に「日米戦争の防止」とあります。以下に具体的な目標と随員の人数・人選や費用などまで、その計画が詳しく記されています。しかしその後、昭和六年五月に栃尾又《とちおまた》温泉にて病が危機的な状況となり（栃尾又の大患、『日記』④八五、一二六ページ）、現在のモラロジーの研究・教育活動につながる重大な決意をされて、欧米旅行の計画は延期されました。このときに、この計画の目的を断念されたのではなくて、この目的を実現するためにも、まずモラロジー・最高道徳の生命を身近な門人の方々の精神に吹き込んで、聖人正統の教えと精神を正しく受け継ぎ、後世に正しく伝える人を育てることを優先されたのです。その後、日本国内の人心開発救済に迅速かつ本格的に着手され、それが現在のモラロジー団体とその諸活動につながっています。

誰もが望む世界平和の実現について、廣池博士は「従来世界の諸聖人はもちろん、その他東西の偉人・賢人もしくは有識者等は、世界永遠の平和の実現に関して、あらゆる方法を講究し、且つ種々の施設をなしておるのであります。しかしながら、いまだ十分なる効果を収むることが出来ずして今日に推移しておるのであります。ここをもって、いま、私は世界諸聖人の教訓に基づき、且つ現代科学の原理に立脚して、まず個人を最高道徳的に開発し、もって世界平和の基礎を形造ろうとしてモラロジーを創始し、ここに本書を著したのであります」（『論文』①序文一一九～一二〇ページ）と述べておられます。

人間社会の不和・紛争も、国家間の戦争も、人間精神が生み出すものですから、原因の根本である人間精神を変えずに根本的解決は実現できません。廣池博士は『論文』によって、世界の指導者・識者に向けて、誰もが望む世界平和実現の最も確実で最も有効な方法を提案しておられるのです。当時も今も、世界平和実現のために、たいへん多くの人たちが力を尽くし、たいへん多くの提案がなされ、実行に移されていますが、人間精神の根本的改造がその方法の主眼とされることはありません。

二十世紀の百年間に、科学的な知識と技術は飛躍的に進歩し、それに伴って物質的豊かさ、生活の便利・快適、また、生産の能率は大きく向上しましたが、一方で、二十世紀は戦争と自然環境破壊の世紀でもありました。二十世紀の人類文明の進歩は、必ずしも人類の安心・平和・幸福を増進する結果を生み出していません。人類全体としては、むしろ国際紛争、地球環境問題、経済活動の不安定、多くの地域における深刻な貧困など、解決の糸口を見出すことさえ困難な大きな課題に直面しています。

現在では、これらのどの課題についても、そのありのままの状況について正しい事実をよく知っている人ほど、根本的解決の可能性に悲観的です。さまざまな解決策が提案され、実施されても、どれもが一時的・一部分的な対策で、本心では、それで根本的解決が図れるとは思えないのです。課題の根本的解決のために本気で取り組むことができる人は、解決の可能性について悲観的な人ではありません。心からできると思える人が、そのことに本気で真剣に取り組むことができるのです。身近な問題から人類的な課題まで、心から解決できると思える人がより多く育つことが求められます。

多くの問題について、多くの人たちが、心から解決の道が開けると思えないのは、そのためには何よりも人間自身が根本的に変わる必要があることに気づこうとせず、その可能性に悲観的で、人間自身を根本的に変えることに力を尽くそうとしないからです。

廣池博士は『論文』によって、人類的な課題についても、聖人正統の標準によって人間精神を根本的に改造することが最も適切・有効であることを明らかにし、提案しておられます。モラロジーという学問は、その使命として、人間自身が根本的に変わることの必要性と可能性を、誰もが理解し納得できるように、新しい科学の成果に基づいて、科学的に明らかにすることをめざしているのです。

七、モラロジーの生命

『論文』第一巻第一章「道徳科学とは何ぞや」の第一項の冒頭には、「いま私がここに公にせんとするところの道徳科学と申すものは、因襲的道徳及び最高道徳の原理・実質及び内容を比較研究し、且つ併せてその実行の効果を科学的に証明せんとする一つの新科学であります」（『論文』①五ページ）とあります。現在では「因襲的道徳」は、モラロジーを学ぶ人たちの間では、通常「普通道徳」と呼ばれています。モラロジーが研究する対象は、普通道徳と最高道徳の両方であり、それらの実質・内容と、両者の実行の効果を科学的に明らかにすることをめざしているということです。

さらにモラロジーの目的として、道徳実行の権威を明らかにするために「あまねく道徳及びこれに関係ある諸科学の原理を闡明《せんめい》するにあれど、その研究の究極の目的はこの最高道徳の全人類に必要なる証左を科学的に提供するにある」（同五八ページ）とされています。『論文』に記述されていることのすべては、読者がまず自分自身の生き方として最高道徳が必要であることを理解・納得し、それだけでなく、自分以外のすべての人にとっても、その人が真に幸せになるためには最高道徳が必要であることを理解・納得することをめざしているのです。しかし実際には、最高道徳の必要を理解・納得することが、そのまま、生き方を根本から改めて最高道徳の実行を本気でめざすことにつながるわけではありません。また、そこまで人を導かなければ、人を真に幸せにすることはできません。

『論文』は、単に最高道徳の必要とその実行の方法を明らかにするだけでなく、その理解・納得の上に実行を本気でめざす生き方に導くことにも深い配慮が施され、心が尽くされている、ほかにないたいへん特別の書物です。

『論文』第一緒言第五条「モラロジーの生命」では、『論文』に記述されている最高道徳は「ことごとく私の過去において実行させていただいたところのこと」（『論文』①序文一〇二ページ）と記され、また、第一巻第十四章第一項では、「モラロジーの最初の著書たる本書において説かれてある最高道徳に関する記述は、言々句々《げんげんくく》みな生命を含蓄しておるのであります。しこうして真に生命を有するところの最高道徳の種子はこれを他人の精神へも移植し得る可能性を有しておるのであります」（『論文』⑦一四ページ）とも述べておられます。これまでに『論文』によってモラロジーを永く学び続けられたたいへん多くの先人・先輩が、学んだことを素直に実行しようと努力されて、この記述の意味を深く理解し、実感して、その生命の感化を受け続け、守り続けてこられました。『論文』には発刊されて以来、八十年余にわたって、このような先人・先輩によって積み重ねられ築き上げられてきた、意義深い生きた歴史がありま す。

廣池博士が自身で書き遺された日誌には、特に『論文』執筆に力を注がれた大正時代の詳しい記述が多く遺されています。『道徳科学研究所紀要』第一号に「大正四年以降（中略）内外の書籍の購入に着手」（「モラロジー研究の起原及び沿革の大要」、『回顧録』一四九～一五〇ページ）、「大正十一年には必要なる英、独、仏その他の外国書もほとんど備わり」（同）とあるように、約七年の間に『論文』執筆に必要な三万数千冊の書物を買い求められ、それから大正十五年（一九二六）八月までに三千ページを超える大著を完成されたのですから、その間、何よりも特に『論文』執筆に直接かかわることに多大な時間と労力を注いでおられたはずです。しかし『論文』脱稿に至るまでの構想の変遷や、執筆や書物購入のご苦労など、『論文』執筆に直接かかわることを『日記』によって知ろうとしても、そのような記述はほとんどありません。この期間の『日記』の記述の大半は、ご自身の心づかいの反省と誓い、あるいは、講演や人心開発救済の記録です。

廣池博士にとっては、真に人を救済するための研究・著述は、真に人を助ける心づかい・実行と一体のもので、特に意を強く注がれたのは研究・執筆そのものよりも、その基礎となるご自身の心づかいと人心救済の実行であったことが窺《うかが》えます。この期間の『日記』には、「誓う」「決心」「治定」「懺悔《ざんげ》」などの言葉とその内容の記述がたいへん多く見られます。「堅く堅く堅く誓う」（大正三年、『日記』①一三一ページ）「大々的大決心」（大正五年、『日記』②二三ページ）もあります。「お願い」も多く見られますが、その内容は依頼ではなく、心を正し、人を助ける決意・誓いが主眼です。大正十一年の『日記』には、「研究大成の心を更に確実にすること」（大正十一年三月十六日夜、『日記』③八ページ）「学者としてモラル研究大成。平和実践家として人心救済をなすこと」（大正十一年十月十日、同三三ページ）という記述もあります。

廣池博士は、いつ、いかなるとき、いかなる場合、いかなる人に対しても慈悲にして寛大なる心となりかつ一切を自己に反省する最高道徳の慈悲心で、知徳一体の学問研究をみずから体現され、その模範をも遺されたのです。

最高道徳の精神作用は「大法」（『論文』⑨二九四ページ）であって、一部分的・一時的なものでなく、全体的・永久的な性質を備えたものですから、「言語・文章もしくは行動に表現」（同）されたものだけによって、その生命を心から心へ移植することはできません。言語、文章、行動による教育も必要ですが、それだけでなく、「最高道徳の教育法は主として人格の直接感化を必要とする」（同二九五〜二九六ページ）のです。

現代に生きる私たちも、最高道徳の実行を本気でめざして『論文』の全体を繰り返し学び続けることによって、廣池千九郎博士の実行の生命に触れ、全人格からの感化をいただくことができます。

第五章　最高道徳と『道徳科学の論文』

最高道徳の主眼は心づかいですが、その実行をめざす上では具体的な指針が必要です。現在ではモラロジーの書物やセミナー・講座などで、一般に最高道徳の原理は五つの原理で説明され、知られています。モラロジーを学んだたいへん多くの方々が、これまで永く、五つの原理を最高道徳実行の指針としてきました。

しかし、モラロジーの原典である『道徳科学の論文』の本文では、このような並立する五つの原理として説明されてはいません。『論文』初版が発刊されたときには、最高道徳の原理は、現在広く知られている「五大原理」の形ではありませんでした。

昭和三年（一九二八）に発刊された初版は、主に世界の最高識者に寄贈するための「試験的出版」でしたが、内容は特別の識者だけではなく、もちろん広く一般の道を求める人たちへ向けられたものでもあります。昭和九年に発刊された第二版は、昭和六年以降、広く国内におけるモラロジーの教育活動が進められる中でのことですから、その後モラロジーを学び続け、「モラロジーの建設」の継承と発展に貢献できる人たちが重要な対象となっています。したがって、初版に訂正とたいへん多くの追加文を加えられましたが、『論文』全体の章立ては、初版の構成がほとんどそのままに踏襲されています。

その第二版には、初版発刊の五年後、昭和八年十一月に起稿され昭和九年一月に脱稿された「第二版の自序文」が巻頭に掲げられていて、その中で「この最高道徳と申すは、宇宙自然の法則、天地の公道もしくは人類進化の法則であって、人間実生活の一切の規則であるから、その内容は千種万別、複雑無限であれど、これを概括すれば、おおよそ五か条となる」（『論文』①序文二九ページ）として、その「五か条」の原理のそれぞれが簡潔に説明されています。現在公刊されている『道徳科学の論文』は、その第二版を踏襲しています。

第二版を発刊される前、初版発刊の二年後である昭和五年に、廣池博士は『新科学モラロジー及び最高道徳の特質』をレコードに吹き込まれ、書物として発刊されました。この書物では、五つの原理それぞれの章を設けられ、人心開発救済の原理の章の最後に「最高道徳は（中略）自我没却の原理、神の原理、義務先行の原理、伝統の原理とこの人心開発及び救済の原理との五つの原理がその実行の実質と内容とになるのです」と述べておられます。

廣池博士は最高道徳を大法としてその全体を悟られ、体得されましたが、それを実行に移す上で、また、多くの人たちに正しく伝えるために、どのように体系づけ、項

昭和５年、『特質』のレコード吹き込みをする廣池千九郎博士

目を立てて整理するかについても工夫を重ね、たいへん苦労されたことが窺えます。

特に『論文』初版を発刊された後は、世界の最高識者だけでなく、まず、モラロジーを学ぶ多くの身近な門人の実行のために、また、より多くの道を求める人たちのために、最高道徳を分かりやすく、また、実行しやすくすることに心を尽くされたはずです。最高道徳の五大原理も、そのような廣池博士のご苦心・ご苦労から生み出されたものです。

一、最高道徳の原理

『道徳科学の論文』の第一巻第十四章が、「最高道徳の原理・実質及び内容」です。その第一項は「最高道徳の淵源《えんげん》及びその最高道徳における自己保存の意味」で、その第一節では最高道徳の淵源について、「モラロジーにおいていうところの最高道徳は世界の諸聖人が宇宙根本唯一の神の心〈すなわち後文にいわゆる慈悲心〉を体得して実現せるところの道徳」（『論文』⑦四ページ）と説明されています。最高道徳の淵源は神の心であり、その心を体得・実現した世界の諸聖人によって人類一般に伝えられ、養われた道徳であるということです。

第十四章は、第一項から第三十二項までで、現在の『論文』の第七、八冊にその全部が収められています。第一項から第四項までは序論で、最高道徳の原理・実質及び内容の本論は第五項からです。この第十四章の項の立て方も初版の構成がほとんどそのままに踏襲されていますので、現行の『論文』でも、「最高道徳の原理・実質及び内容」は初版とほとんど同じ構成・内容で説明されています。

第五、六項は「最高道徳の基礎的観念」の第一（正義と慈悲）と第二（義務先行）、第七項は「最高道徳実行の基礎的原理」、第八項は「最高道徳は絶対神の存在を認む」、第九項は「最高道徳にては伝統を重んず」で、ここまでが第七冊です。第十項から第三十二項までは第八冊ですが、その内容は、全体が人心開発救済の原理・実質及び内容です。

『論文』第十四章では、最高道徳の原理・実質及び内容が、

一、基礎的観念
二、実行の基礎的原理
三、神の存在
四、伝統尊重
五、人心開発救済

の、大きく分けて五つの柱で説明されています。それらは、五大原理のように並立する原理ではなくて、この体系では、最高道徳の実行原理の柱は、伝統尊重と人心開発

救済の二つであり、正義・慈悲と義務先行は基礎的観念として、自我没却は実行の基礎的原理として、また、神の存在を信じることが、実行の原理である伝統尊重と人心開発救済の根本を支える精神的基礎として位置づけられています。

最高道徳の慈悲心を養うことをめざして、最高道徳の実行を心がける上で、何をどのような順序で行うのが適切なのかは、人により、場合により、また、修養の段階により異なります。五大原理は、修養の過程での指針として、モラロジーに道を求める誰にとっても、また、いつでもどこでもたいへん有効であることは、これまで多くの人たちによって確かめられてきたことです。

これまで五大原理を指針として最高道徳の実行をめざし、修養を重ねてきた人にとって、あらためて『論文』によって最高道徳を学び直し、第十四章の記述に込められた意図を理解することは、大法としての最高道徳の全体と、その実行の必要性と方法についての理解を深めるとともに、その実行に新たな道を拓くことにもなります。

その意図とは、まず最高道徳の基礎的観念を学び、正義、慈悲、権利・義務などのこれまでの道徳の基礎的観念を最高道徳の標準に照らして見直し、造り直し、次に最高道徳実行の基礎となる原理を学び、次に聖人正統の神の観念を学び、神を認め、神を信ずる精神を造り直して、その上で実行の原理である伝統の原理と人心開発救済の原理の実質・内容を学ぶことです。

二、普通道徳と最高道徳

道徳は人間実生活及び人間実社会の根本です。よってモラロジーは、道徳の原理・実質及び内容と共に、その実行の効果を、多くの人たちが理解し、納得できるように明らかにして、道徳実行の権威を高めることをめざしています。

人類の道徳進化の過程では、本能と知識に加えて、まず普通道徳が発生し、進化・発達し、さらに聖人の修養と実行とによって最高道徳が発生し、その教えと感化を一般多数の人たちが受けるようになって、人類の安心・平和・幸福と道徳実行の権威は飛躍的に向上しました。しかし実際には、道徳実行の真の効果とその権威は、いまだ広く一般多数の人たちに正しく理解されていないので、多くの人たちは道徳を行おうとせず、その結果、日々の暮らしの中で、争い・悩み・苦しみや社会の混乱の原因を造り続けています。

『論文』第一巻第三章で、廣池博士はヘッケルの「個体発生は祖先以来の永い間に発育し来たれる系統的発生の全部を僅少なる個人一代間に要約して表現しておるもの」（『論文』①一九四ページ）という生物発生の根本法則を引いて、人間精神の進化・発達について「人類の永い間に発育してきた原始時代の幼稚単純なる精神生活及び団体生活の状態より、今日の文化時代におけるその状態を個体においては胎児の時代より小児時代・青年時代・壮年時代及び老年時代の間にこれを現す」（同一九四〜一九五ページ）とされています。また、第七章では「道徳は強制的より自発的に進む」（『論文』③一五〇ページ）とあります。道徳は社会の発生と共に、社会の秩序統制のための他律的・強制的なものとして起こり、それが人類一般の道徳心の進化によって次第により自発的な道徳へと進化し、さらに世界諸聖人の教えと感化により、人類社会に最高に自律的・自発的な最高道徳が出現するに至ったということです。人間は肉体だけでなく、精神も、一人ひとりが以上のような人類精神進化の歴史をその原初から繰り返し再現することによって、人間の心を備えた人間になれるのです。

現在も不道徳を行う人は多く存在しますし、また、道徳的な人たちも不道徳をまったく行わないわけではありません。人間は最高道徳実行の必要性を知って、その実行をめざすことはできますが、現在の人類一般の状況は、いまだその大部分には最高道徳の要素は少なく、不道徳と普通道徳との間にあります。人類社会の現状は、今もその大部分は普通道徳によって支えられています。

最高道徳の実行をめざす上で、そこに至るには、一人ひとりが、まず不道徳より普通道徳がよりよい結果を生むよりよい生き方であることを学んで、不道徳を改めて普通道徳を行うことに変える過程を欠くことができないことを、自分自身の修養のためにも、道徳教育を行う上でも、よく自覚していることが重要です。最高道徳の実行をめざすことも、まず、普通道徳で善いとされていることをできるだけ多く行い、悪いとされていることはできるだけ止めることから始めなければなりません。

第十四章の第三項は「最高道徳は従来の因襲的道徳実行の上にこれを実行すべき性質のものなることを述ぶ」（『論文』⑦一八～四三ページ）で、その第一節「因襲的道徳の形式は依然これを存するも、その精神を改むるときは最高道徳となることを明らかにす」（同一九～二四ページ）、第二節「最高道徳は因襲的道徳の形式中、人類の発達及び幸福に必要なるものを尊重す」（同二四～三四ページ）、また、第三節「最高道徳にても因襲的道徳にて尊重するところの人間の力及び制度をば尊重す」（同三五～三七ページ）など二十五ページにわたって、第五項からの本論の前に、最高道徳と普通道徳の関係について、実行にかかわる具体的な標準・指針に至るまで懇切に記述されています。

普通道徳は不完全であるので、それを改めて最高道徳を実行する必要があるのですが、最高道徳は普通道徳を否定するものでなく、むしろ普通道徳の実行を奨励し、その欠陥を補い、それを真に生かすものです。普通道徳の形式はほとんどそのままで、実行の動機・目的及び実行の過程での精神作用を最高道徳的に改めれば、それが最高道徳の実行になります。

最高道徳の主眼は精神作用にあります。行為の形式はほとんど同じでも、精神作用を最高道徳的に改めれば「その実行者の心安らかにして、その行動平和であり、したがってその結果、いかなる場合にも、他人と衝突するようなことはない」（同六ページ）ように実行することができます。普通道徳は正しいことであっても、苦しんで行うことが多く、また、他と争い、敵を造ることが多いのです。普通道徳と最高道徳の違いは主に精神作用にあり、行為の形式はほとんど同じでも、その精神作用によって、苦しんでするか喜んでするか、また敵ができるか味方ができるかの違いが現れます。

正しく善い行いも、最高道徳の心づかいがないと、真に永く続けることはできません。最高道徳実行の要諦《ようてい》として、「第一に、従来の因襲的道徳実行の動機・目的及び方法の根本を最高道徳的に変ずること、第二に、因襲的道徳の形式をなるべく完全に実現して、その上に漸次に最高道徳の精神を加え、更にこれを美化して表現することであります。およそこの二か条の実行は最高道徳実行の要諦であるので、この二か条を実行することによりて、われわれ人間ははじめて完全に近いものになるのであります」（同一二三ページ）と説明されています。

三、最高道徳の基礎的観念

第十四章の本論のはじめである第五項は「最高道徳の基礎的観念の第一は正義及び慈悲にあること及びその両者の作用」（『論文』⑦五〇～一三二ページ）、次の第六項は、「最高道徳における基礎的観念の第二は人間の人格及び権利発生の原因をもって義務の先行に帰するにあり」（同一三二～一六九ページ）です。

正義と慈悲

一般に、正義は正しいことを行う上での基礎的観念であり、思いやり・愛・慈悲は善いことを行う上での基礎的観念です。普通道徳も正しいことであり、善いことであり、責任・義務を果たすことですから、正義と慈悲、責任・義務などは、普通道徳を行う上での基礎的観念でもあります。しかし、普通道徳と最高道徳では、まずこれらの基礎的観念の実質・内容に根本的な相違があります。したがって、その違いを知って最高道徳の基礎的観念の実質・内容を理解し、正しいこと、善いことを行う上での基礎的観念を改めることが、最高道徳実行への道の第一歩となります。

第五項では、まず正義と慈悲の淵源について「古来、世界の諸聖人及び大識者は一般に神〈本体〉の本質をもって正義及び慈悲となしておるのであります。すなわち別語をもってすれば、この正義及び慈悲は知識と道徳とに当たるのであります。（中略）真の正義及び慈悲は結局、神の心に淵源するものであるということが出来ます」（『論文』⑦五〇～五一ページ）と説明されています。また、「人ごとに異なり、したがって家ごとに異なり、また国ごとに異なる」（同七〇ページ）人間社会の正義に対して、神の心に淵源する真の正義を「宇宙的正義」（同六九ページ）と呼び、この宇宙的正義は

「その本質は全く神の慈悲心と一致するものというほかはない」（同七七ページ）とあります。神・聖人の知識と道徳は一体であり、したがって正義と慈悲も一体であり、本質が一致しているということです。

しかし、人間の知識と道徳、正義と慈悲は一体ではなく、それらの働きは一致してはいません。実際の人間社会では、正義を実現しようとして無慈悲となり、あるいは慈悲を実現しようとして正義が疎《おろそ》かになることが多いのです。正義実現のためには一般に破邪顕正《はじゃけんしょう》の方法が用いられ、あらゆる種類の衝突・争いが起こっています。あるいは、一部の人に向けられた同情・親切・義侠心《ぎきょうしん》を実現するために、社会の秩序が乱され、多くの人々が犠牲になっていることも多いのです。

神を起源とし、聖人を通してわれわれ人間の心に伝えられた真の正義・慈悲の精神の種は、誰の心にもありますが、それらが実際に人間の心の現れとして働くときには、すべての人に向けて公平・無私には働き難く、誰に向けてどのように働くかについて、ほとんど必ずその人の好悪や利害にとらわれた条件があります。

人類の真の安心・平和・幸福を実現するためには、普通道徳の正義・慈悲が不完全であることに気づいて、最高道徳の正義・慈悲の実現をめざすことが必要です。

不完全な人間が最高道徳の実行をめざす方法として、『論文』には「最高道徳は正義の実現を目的として自己の慈悲〈犠牲〉を方法とす」（同一一二〜一三二ページ）とあり、最高道徳の正義・慈悲の精神を養い、その実現を図る方法も詳しく説明されています。

義務先行

第六項では、まず、人間の生存・発達・幸福の基礎は人格・権利の程度によって決まるので、人間の幸福の第一要件は、その人格・権利の程度を高めることにあり、そのためには、その人格・権利発生の原理をよく理解して、この原理に適応しなければならないことが述べられています。

権利とは、何かを「してもよい」、あるいは「しなくてもよい」という資格ですから、それは主張しているだけでは何の効力もなく、他者が認めてはじめて資格としての意味が生ずるものです。人間が真の可能性を発揮し、幸福な人生を築くには、法で定められた人格・権利も重要な要素ではありますが、それよりも、信頼できる多くの人たちによって認められ、尊重される人格・権利がより重要です。さらに、最も確かで最も重要な資格は、万物を生み出し、育て、生かす宇宙自然の法則に則って生きることであり、この資格こそが真に有効な「真の権利」です。

廣池博士はモラロジー研究の過程において義務先行説を発表し、「人間の一切の権利は義務遂行の精神作用及び義務的行動より生ずるものであって、権利は義務の結果であること」(『論文』⑦一三九ページ)を明らかにしました。義務先行説における権利は、法によって認められた権利を超えた、真に有効な「真の権利」を意味します。その発生の原因である「真の義務」は、他から「強制・拘束される責務」というよりも、まったく自発的な道徳であり、その主眼は人格の中心である品性を養い、各自の道徳的な本分を尽くすことです。

世界の諸聖人の教えと実行とによれば、「私どもの生命・財産及び自由は神の所有」(同一四一ページ)です。人間は、誰もが宇宙自然の中から生まれ出て、その働きによって養育され、生かされているのですから、私たちが自分のものと思っている生命・財産・自由も、本来はすべてが、宇宙自然の働きの起源であり、根本の存在である神のものです。それを私たち人間は自分のものと思い誤って、すでにいただいている多大のご恩を忘れ、勝手気ままに使ってきたので、世界の諸聖人は解脱《げだつ》・悔い改め・贖罪などの言葉で、道徳的に犯してきた罪を自覚し、その償《つぐな》いをすることが、誰にも必要であることを説かれました。

義務先行説の真理を理解すると、直ちに、いただいてきたご恩を知らずに、あるいは忘れて生命・財産・自由を放縦的に使用してきたことへの反省が芽生え、さらには、それでも赦《ゆる》され、愛され、生かされていることへの深い感謝と報恩の心を生じます。廣池博士は「義務先行説の根本原理は、この人間の報恩的観念に存するのであって、これに従うて行動することが真に人間を幸福にするゆえんである」（同一四二ページ）と述べています。義務先行の観念は、最高道徳実行の基礎的観念であり、それは報恩の観念であるのです。

人権思想の進歩・発展によって、人類が一般に認め合う権利の程度は大いに向上しました。人々の権利意識も増大しましたが、すべての人の人権が尊重され、各自の権利が等しく行使されているかというと、実際にはそのようにはなりません。「他者の権利を尊重する義務」を進んで遂行する人がいなければ、法律で定められた権利も有効なものとはなりません。

廣池博士が義務先行説を発表したのは大正二年（一九一三）で、それは世界人権宣言（一九四八）の三十五年前のことでした。しかし、最高道徳の義務先行の観念は、いまだ人類一般の間で共有されているものではなく、少数の人たちだけによって理解され、尊重されています。世界の諸聖人が等しくすべての人たちに向けて示された道を、一般多数の人たちが正しく理解し、諸聖人が望まれたように生き方を根本から変えることは、二千数百年来の人類共通の課題でした。さまざまな面から迫り来る、現在の世界人類の危機の状況と、一方で進みつつある人類の精神進化の兆候は、その時代が来つつあることを示唆しています。

一般多数の人たちが、最高道徳の正義・慈悲、義務先行の観念を養い、純粋無私の最高道徳の実行をめざすことは、時代の要求であるのです。

四、最高道徳実行の基礎的原理

第七項の「最高道徳実行の基礎的原理」（『論文』⑦一六九～二二一ページ）は、第一節から第十節までで、その各節の表題は以下の通りです。

第一節　最高道徳実行の原理の基礎は科学的なり

第二節　人類の行動は自己がこれをなすにあらずして自然の法則〈すなわち宗教的にいえば神の力〉に支配せらるるものなりとの観念をもって最高道徳の実行的原理となす

第三節　自己の運命の成立せる原因を自覚し併せてその運命の全責任を自己一人にて負うことをもって最高道徳の実行的原理となす

第四節　神に一致する人間の最高品性の形成は、まずこれを自己より始むるを要す

第五節　最高道徳の実行的原理は天を畏《おそ》れ且つ天を楽しむ精神及び行動によりて表現せらる

第六節　最高道徳の実行的原理は自ら苦労してその結果を他人に頒《わか》つの精神及び行為によりて表現せらる

第七節　最高道徳の実行的原理は人間の秩序尊重の精神及び行為によりて実現せらる

第八節　最高道徳の実行的原理は自我の没却によりて実現せらる

第九節　最高道徳の実行的原理は人間の絶対服従の精神及び行為によりて実現せらる

第十節　最高道徳には諫諍《かんそう》の原理ありや

これらの十項目は、実行的原理としてすべてがつながり合っていて、その全体に一貫する内容の主眼は、『論文』第二巻「最高道徳の大綱」の第二章「最高道徳実行の根本原理」の三つの格言で表現されています。

「最高道徳実行の根本原理」の第一――深く天道を信じて安心し立命す

「最高道徳実行の根本原理」の第一は、「深く天道を信じて安心し立命す」（『論文』⑨二八五ページ）です。すべてを生み出し、養育し、生かす大宇宙・大自然の働きに深く信頼し、安心して法則に従い、与えられた本分・使命に力を尽くして生きるということです。『論文』の「第二版の自序文」には、「一切の現象は変化すれども、われわれ人間が天地の公道に従い、最高道徳を実行して、安心、平和及び幸福の生活を営めば、進化するという事実は、古今東西、一定不変の真理である」（『論文』①序文四ページ）と記述されていて、特に「一定不変の真理」として、「安心、平和、幸福の生活」が、目的ではなく人間進化の条件あるいは原因であるとされています。

『論文』では、多くの場合、安心は平和・幸福の語と重ねて用いられています。安心と平和と幸福は、精神的には、それぞれの言葉が意味する大きな部分が互いに重なり合っていますが、平和と幸福は形になって現れる物や状態の要素も多く含んでいるのに対して、安心はまったく精神的なものです。また、安心と平和と幸福は、互いが他の原因にもなり、結果ともなりますが、最高道徳の実行をめざす上では、原因についても結果についても精神作用を最も重視しますから、特に安心が最高道徳の心づかいの根幹であり要であると言えます。誰もが求める安心にも種類がありますが、何よりも最高道徳の安心を知って、日常の心づかいの標準・目標とし、その実現をめざすことが重要です。

私たちは常に大小の出来事によって、不信・不満・不快・不安などの感情に悩まされています。そういうときには、常に何か外から与えられた好ましくないことに原因を求めています。しかし、よく考えてみると、人間の悩み・苦しみの実質は、外で起こっていることではなくて、自分の心に起こる不信・不満・不快・不安などの感情そのものです。信頼・満足・喜び・安心も、不信・不満・不快・不安も、自分の心が生み出しているもので、外から与えられたものではありません。また、原因が何であれ、そのときに心に起こす感情と意思が、その後のその人の幸・不幸にいちばん大きな影響を与えています。

私たちは普段、主に他者や外の状況を変えようとして、思うことが思うようにならずに悩み、苦しんでいます。いつでも、どこでも、誰もが、ほかの誰の力も借りることなく、一円のお金も要せずに、自分だけで変えることができるのは、自分自身の心づかいだけです。また、学力・知力・金力・権力などの人間の諸力には、明らかな限界がありますが、道を求め、心の修養を重ねれば、人間の精神作用には限りない可能性が残されていることが分かります。

心に起こる不安も、自己の内に原因があることに気づけば、外の状況はそのままでも、不安を小さくすることも、安心に変えることもできます。今に安心することも、今を不安と感じることも、その人が何に原因を求め、今をどのように受けとめるかによって、まったく自己自身だけで選択していることなのです。また、安心には道徳的な段階があり、最高道徳の実行を重ねることによって心に養われる安心には限りない深まりの可能性があります。

最高道徳の安心は、いかなるときにも、今に安心する心づかいです。人間の幸せは精神だけで成り立つものでなく、やはり健康・長命・開運・子孫繁栄などの形となって現出する幸福の条件も重要です。しかし、実際はこのような条件が満たされるから安心できるのではなく、いかなるときにも今に満足し、感謝し、今を喜び、今に安心する心づかいが、目に見える幸福の実質を生み出す真の善因となるのです。

日々の最高道徳実行の目的の中心には、常に相手の心に安心・満足を与えることがあります。相手の心に安心・満足を与えるためには、まずわが心が今に安心し、満足していることが求められます。廣池博士は晩年に、人心開発救済のお手伝いをされた門人の方への書簡に「人心救済をして反対を受くる時には、まだこちらの徳の足らぬためであると反省致し、すべてただはいはいとはい上がる心になり、泰然として富士山のごとくにして居って下さい。人心救済と申すは、最高道徳にて人の心を救うことでありますから、自分が何事に出会《しゅっかい》しても、落ち付いて居る心を他人の心に移植することも救済上大切であります」（『日記』⑤一六一〜一六二ページ）と書き添えられました。

「最高道徳実行の根本原理」の第二――現象の理を悟りて無我となる

人類史上、現在のわが国に住む私たちほどに、一般多数の人たちが物質的な豊かさと安全と自由に恵まれたことはありませんでした。それなのに今、悪事を働くような人たちだけでなく、勤勉・正直・真面目に働いている人たちの多くも、現在の状況を不幸と思い、貧しく困難な時代を生きた先人たち以上に不満・不和・不安で苦しみ、困っているのはなぜでしょうか。

人間のあらゆる不安・不和・不幸の根本の原因は、利己的な欲・とらわれ・こだわりの根にある自我の働きにあります。自己中心的な自我に心が支配されたままでは、外からの条件がいかに満たされても、本当の安心・満足・平和はありません。

「最高道徳実行の根本原理」の第二は、「現象の理を悟りて無我となる」（『論文』⑨二八六ページ）です。深く天道を信じ、宇宙自然の理法を悟るに至る上で、いちばん確実でいちばん重要な根拠は、ありのままの事実そのものとあるがままの諸現象に一貫する法則を発見し、証明し、説明する科学です。現在、人類の間で、民族・宗教・思想・信条などを超えて最も広く共有されているのは、科学によって明らかにされた事実です。

われわれ人間は宇宙現象の一つとしてこの地球上に現れてきて、すべて宇宙自然の法則とその働きに支配されて生存し、発達していることは、今では誰もが理解し、納得できるように、科学的に明らかにされ、説明されている事実です。人間は「現象の理」を科学的に知り、理解した上で、みずからの研究・体験によってさらに深く納得し、悟り、みずから自然の法則に順応・同化して服従する以外に生きる道はないことを自覚しなければなりません。また、「無我となる」とは、法則に素直に順応・同化・服従しようとしない人間の利己的な欲や執着を没却することです。

ここでの「我」は、宇宙自然のすべての現象の中で、自分と自分以外を区別している「私」を意味します。私たちは普段、自分の生命・財産・自由は当然自分のものと思って生活しています。「私」の生命、「私」の財産、「私」の自由、また「私」の業績、「私」の個性と思っていることまで、これらの「私」は、すべて「我」となって働いています。この「我」が、ありのままをあるがままに観る目を偏らせ、曇らせているのです。

科学は、地球上の生命体に宿る命はすべて、地球上で三十数億年間生き続け、永続してきたものであることを明らかにしました。地球上の生物は、みな同じ祖先から生まれた「きょうだい」であり、すべてがつながり合い、連絡し合って全体として永続しているのです。また、生命個体だけでなく、種の全体、生態系、地球も、さらには宇宙全体も、生命ある一個体と同じように誕生し、生存し、発達し、進化してきたものであることも明らかになっています。

その中で自他の区別にこだわり続け、「私」と思い込んできた「小我」に生きることとは、不合理・不自然で無理があり、必ず不満・不和・不安が伴います。すべてがつながり合って永続する大宇宙・大自然の中での使命をみずから担い、その使命に生きる「私」こそが、あるがままの真の自分なのです。人間は、みずからあるがままに「無我」となり、大我に同化して生きることによってのみ、真に無理なく自然に自由に生きることができるのです。

しかし、実際には多くの人たちが人間の真価を見失っており、利己的な「我」が人間の本質であり、「我」を発揮することが人間的なことだと思っています。また、人間世界の事実は、これまでたいへん大きな犠牲を払いつつ、人間の利己的な欲望がいかに根深く、また、放置すればいかに行き過ぎるものであるかも証明し続けてきました。

「すべての聖人は、みな神を信じてその神意に同化し、親しくその神意のとおりを実行すると申しておるのです」（『論文』①序文五ページ）が、「人間の自己保存の本能は、絶えずその境域を超えて利己的本能に進みおるものなれば、すべての人間は、みなこの聖人の教えを不便として、その聖人正統の教育範囲より逃《のが》れ出《い》でんとする」（同一〇ページ）ものであることも、また「我」に支配されたままで利己的な欲を発揮し続けることがいかに人間の運命を危うくするものであるのかも、人類の歴史が明らかにしてきた確かな事実です。

誰の心にも、表面を包む「私」だけでなく、その中核には宇宙自然の働きにつながる「公」があり、それが人間の本質であり真価です。「私」の心だけでは生き方が孤立的になり、万物を生み出し、養育し、生かす宇宙自然の法則に照らして不合理となります。「公」の心の働きによって、人間の生き方は、自然の法則に適う合理的なものとなりますから、私たちの本心の本心は、この心を発揮することを願っていて、それができたときに、はじめて心から満足ができ、真の安心と喜びを知ることができます。

あるがままに「無我」となることは、少しでも善い心を養い育てようと努める日々の心の修養の究極の目的でもあるのです。

「最高道徳実行の根本原理」の第三――自ら運命の責めを負うて感謝す

「最高道徳実行の根本原理」の第三は、「自ら運命の責めを負うて感謝す」（『論文』⑨二八六ページ）です。『論文』の第二巻で、この格言について、「自己の運命の成立せる原因を悟り、しこうしてその運命改造の責任を自己に負うて感謝生活をするということは、人間生活の根本原因を自覚したものというべきであります」（同）と説明されています。

いかなることにも原因があります。形となって現れるすべての事象には、限りなく多くの大小の原因がかかわっていますから、同じ出来事についても何を原因と考えるかは、人により場合により大いに異なります。何を原因と考えるかが、その人の考え方と行動を決め、その後の運命に大きな影響を与えますから、たいへん重要です。しかし日常生活の中で、私たちは枝葉のことにとらわれていて、起こったことの最も重大な原因にも、与えられた結果の本当の意味にも気づいていないものです。

人にはそれぞれに、それぞれの運命があります。人生の中で出遭うこと、自分の身に起こることはすべて自己の運命の一部であるとともに、運命の全体が原因となってそのときに現出した結果でもあるのです。したがって、人生上のいかなる問題についても、それをみずから適正に受けとめ、判断し、対処する上で、「自己の運命の成立せる原因」を正しく自覚することが、最も重要な基礎となります。

実際に出遭うこと、起こることは、そのときの自分にとって都合のよいこと、気に入ることばかりではありません。むしろ、思うようにはならないこと、満足できないことのほうが多いかもしれません。しかし、出遭っていること、起こっていることのすべてと、その原因のすべてによって、自分の運命は成り立っています。その運命成立の最も重大な根本の原因は、万物を生み出し、養い、生かす大宇宙・大自然の根本の作用であり、その働きを実際に人類社会の中で実現してきた恩人の系列による道徳的努力の累積です。その基盤の上に、自分が誕生して後の精神作用と行為のすべてが加わって、今の自分の運命が成り立っています。

運命の大部分は与えられたものですが、それをどのように受けとめ、どのように運び、生かし、意味づけるかは、すべて一人ひとりがみずからの責任で選んでいることなのです。『論文』第二巻「最高道徳の大綱」の百三十六項の格言の中で、「感謝」の語が使われているのは、「最高道徳実行の根本原理」の第三である「自ら運命の責めを負うて感謝す」だけです。それは、感謝にも道徳的な違いがあり、最高道徳の感謝の真の意味がこの格言によって表現されていることを意味します。

自分の運命は、自分が好ましく思えることだけで成り立っているのではなく、不幸・苦難と思えることも運命の一部です。真の感謝は、神の慈悲に信頼して、出遭うことや与えられるものごとのすべてを、自分を養い生かし、真の人間に育て上げるために恵まれたものとして喜び、感謝する心づかいです。その心づかいが「運命改造の責任を自己に負うて感謝生活をする」こととなり、「人間生活の根本原因を自覚」することになります。

人間として生きて生活していることは、限りなく多くの条件に一つも欠けることなく恵まれてできていることで、しかもそれらの条件の大部分は自分の力を超えていて、気づいてさえいないことですから、事実を知れば知るほど、常に薄氷を踏むようなたいへん危うい状況にあることが分かります。それは目隠しをして綱渡りをしているようなもので、それが実現できているのは、宇宙自然の万物を生み出し、養い、育て、生かす偉大な慈悲の働きと、その働きを助ける多くの恩人たちによるさまざまな行き届いた恩恵によるものです。それはまさに、文字通り限りなく「有り難く」尊い恩恵であるのです。それに気づいていても、いなくても、私たちは誰もが常に無私の慈悲に恵まれ、大切に守られ、育てられています。しかし、私たちは普段、自己本位の狭い欲にとらわれた標準でものごとを見ていて、自分の欲を標準として足りないと思えることにのみに心が奪われ、純粋無私の慈悲からの偉大な恩恵を素直に受けとめて喜び、感謝することができていません。

廣池千九郎博士の教えと事跡から、私たちは神・聖人の慈悲を正しく理解し、実感して、その偉大な働きにつながって生きる精神と方法を学ぶことができます。また、その精神を継承し、実現する諸恩人の慈悲をまっすぐに受けとめ、感謝・報恩の生き方をめざすことによって、神の慈悲への信頼・確信を深めることができます。

廣池博士は「大善意をもって」（『論文』⑨一〇三ページ）真心を尽くした人たちに誤解され、迫害を受けることになった生涯最大の苦難の中で、まったく「慈悲寛大自己反省」の精神によって、いっそう喜び、感謝し、相手に尊敬を払い、ますます至誠心を発揮して、自己の使命であるモラロジーの建設に向かって「いよいよもっぱら」（『論文』①序文九五ページ）その研究に専念されたのです。

実際には、一般に幸福の条件とされていることに十分に満たされている人たちよりも、むしろ満たされていないと思える人のほうが、感謝の真の意味を知っていて、今を喜び、今に満足しています。人間は、幸せだから感謝するというよりも、感謝するから幸せなのです。

誰もが、どのようなときにも、すべてを苦しみ、すべてに不満を持って不幸になることも、あるいは、すべてを喜び、すべてに感謝して幸せに生きることもできるのです。

五、絶対神を信じる

『論文』第一巻第十四章第八項は「最高道徳は絶対神の存在を認む」です。「絶対神」は、すべての存在・すべての事象の根本である「宇宙の本体」（『論文』⑦二一ページ）を指します。最高道徳は、神の心を体得し、実現された世界諸聖人が実行された道徳に一貫する最高原理です。したがって、諸聖人が「信じてその意思に服従」（『論文』⑤六ページ）された根本の神を認めて信じることが、最高道徳を理解し、実行する上で最も重要な精神的基礎となります。

絶対神の存在

いかなるもの、いかなることにも必ず起源・原因があり、その起源・原因にもさらに上位の起源・原因があって、さらにさかのぼり続ければ必ず根本の存在があります。それが、あらゆる存在・あらゆる事象の根本である「絶対神」です。それは人間の精神・心と同じように目に見えるものではなく、その存在を人間が直接に認め、科学的に証明することはできませんが、人間の精神あるいは心の存在がその働きから認められ、信じられているように、絶対神の存在もまた、信じることができるものです。しかし、何を神と思うか、神への信仰とはどういうことかについては、人により考え方に大きな違いがあり、神の存在を信じる人も、疑いを持ちつつある程度まで信じている人も、まったく信じていない人もいます。また、信じる人の信仰も、その実質・内容とその深さは、人により大きな違いがあります。

新しい科学は、宇宙自然の現象には確実で偉大な法則があり、その働きによって万物が生み出され、育てられ、生かされていることを、いっそう明らかにしました。また、未開と呼ばれている時代から、いかなる文明にも「人間は自然に神を認めてこれを信ずるという一つの科学的原理が存在」（『論文』⑦二二四ページ）していて、実際に、人類にとって真に価値ある学問・思想・道徳・信仰などは、すべて神・聖人を起源として発生し、諸聖人の教えと感化を基礎として進歩し、発展してきたものです。

真に自己を生かす道

すべての生物は、宇宙自然の法則に従って生み出され、養育され、生かされていますが、特に人間には大きな精神の自由が与えられていて、法則に逆らうことも、従うことも、さらにはみずからその働きを助けて生きることもできます。人間は自分の力で生きているというよりも、大部分は大宇宙・大自然の働きによって生かされている存在ですから、法則を知って、みずから法則に順応・同化し、服従し、その働きをみずから助ける生き方を選ぶことによって、自己を真に生かす道を歩むことができます。

そのためには、民族・宗教・思想・信条を超えて等しくその恩恵をいただいている根本の「絶対神」の存在を正しく認めて正しく信じることが必要であるので、廣池博士は、諸聖人が尊重し、信じ、その意思に服従された神に共通する性質を、また、何をもって神〈本体〉を認めことができるかを、さらに聖人正統の神への信仰の在り方をも、多くの人々が理解し、納得できるように明らかにされました。

神の観念

日本では、古来「神」という語に二様の意味があって、その第一種の神は「宇宙根本唯一の神」（『論文』⑦二二六ページ）であり、『論文』ではこの第一種の神を「本体」と名付け、それは「現象に対立してその原動力たるものを表す」（同）と説明されています。第二種の神は、古来「現神《あきつみかみ》」と呼ばれていて、それは「本体が現実の社会に人間としての形体を具《そな》えて現れ出でたもの」（同二二八ページ）です。二種の神は、どちらも、これまで、日本だけでなく、世界のどの民族、どの宗教においても、その名と性質とは同じではありませんが、それぞれがそれぞれに信仰の対象とされ、尊崇されてきました。『論文』では特に第二種の神について、「歴史の示すところ及びわれわれの理性の判断の範囲内における現神は、結局、その現神の絶大なる道徳実行の結果によりて、その現神が宇宙根本唯一の神と同一視せらるることとなったものと見るほかない」（同二二九ページ）と説明されています。

人類がなぜ本体である目に見えない「宇宙根本唯一の神」の存在を信じるようになったかと言えば、「一般人類より見れば、全く神聖」（同二三二ページ）である「諸聖人の実行を見てここに至った」（同）のですから、人類一般の正しい神の観念は「現神」によって明らかにされ、伝えられたものです。「われわれ人間の生命の保存と幸福の増進とは本体と現神との二つの神の力によるもの」（同二三一ページ）であり、最高道徳は現神の偉大な人格、教説・教訓及び実行を通じて本体の存在を認め、「神を人格的に見る」（同二三五ページ）ので、「本体が人格を有して生きておるというごとき感を生ずる」（同二三六ページ）こととなり、「一般人に本体としての神の信念を起こさしむる」（同）のです。『論文』第十四章第八項で明らかにされている「学問的に合理的と思わるるところの神に関する観念」（同二三七ページ）は、「これを人格的に見ることによって、はじめて真に根本的且つ本質的に理解さるる」（同）とされています。

最高道徳実行の精神的基礎として

諸聖人が信じてその意思に従われた根本の神は、同じ「宇宙根本唯一の神」です。しかし「山の頂上は一つですが登り道は多々あるがごとく（中略）神〈本体〉はただ一つなれど、これを信仰の対象とする宗教はその種類千差万別」（『論文』⑦二二五ページ）になっています。一般に、信仰の対象については、今も、異なる宗教の間で、信仰の違いが登り道の違いであって、根本の信仰の対象が同じであるとは必ずしも考えられてはいません。異なる宗教の間で、根本の信仰の対象は一つであって、違いはそこへ至る道の選択にあるだけであるという理解が共有され、異なる宗教が同じ神を信じ、同じ目標をめざしている「きょうだい」として、登り道としての信仰の多様性を尊重し、互いを敬い合い、尊重し合う道を拓くことは、人類全体の幸・不幸にかかわる二十一世紀の重大な人類的課題です。

『論文』第十四章第八項「最高道徳は絶対神の存在を認む」（同二二一〜二六〇ページ）には、人類の生存・発達・安心・平和・幸福実現への新たな道を拓くために、最高道徳実行の精神的基礎として人類全体が共有できる神への信仰の在り方が明らかにされています。その第一節から第十二節までの各節は次の通りです。

第一節　いわゆる絶対神の説明

第二節　最高道徳は何をもって神〈本体〉の存在を認むるか

第三節　神と仏との異同
第四節　宇宙根本唯一の神
第五節　現神
第六節　現神ありて宇宙根本唯一の神すなわち本体の観念を生ず
第七節　神の実質に関する考察と人間の信仰的生活及び道徳的生活
第八節　最高道徳は自ら神の心を体得し自ら聖人となりて福を神より享《う》けんとする道徳なり
第九節　神に対する要求的信仰は普通道徳に属し神の心を体得且つ実行する信仰は最高道徳に属す
第十節　最高道徳においては一切の事物を神聖なるものとして尊敬し且つ自己一切の精神生活及び行動を神の恩恵の結果としてこれを感謝す
第十一節　最高道徳における神を礼拝する方法
第十二節　神を信ずることは必ずしも宗教の専有にあらず

六、伝統の原理

第十四章第九項は「最高道徳にては伝統を重んず」です。

モラロジーの伝統の観念は、これまで永くモラロジーを学び、モラロジー・最高道徳に道を求め続けてきた多くの人たちにとって、実感を伴って最も明確となった観念であり、伝統の原理は考え方・生き方の標準として、よく理解・納得されてきた原理です。また、伝統の観念及び伝統の原理を理解し心から納得できたことが、モラロジーを学ぶ人たちを人間として最も大きく変え、その実行をめざしたことが、一人ひとりを常に守り育ててきました。

伝統の観念

最高道徳の伝統は、国家・民族・集団・思想・信条を超え、世代を超えて、人類が広く共有できる観念です。それは人類生活を創造し、進化させる働きに貢献してきた恩人の系列であり、人類社会・人類生活の根本ですから、これまで永続してきたいかなる文明にもその基盤として現に存在しているものです。また、伝統に属する先行者の全部が、人類共通の大恩恵者です。

『論文』には、伝統の原理は「今日、異端の学問、道徳によりて、全くその影を没しておる」（『論文』①序文三一〜三二ページ）とも記されていますが、それは一般多数の人々が伝統の観念と伝統尊重の精神を見失った状況を述べてあるのであって、人類生活の根本である伝統とその恩恵が「全く影を没した」ことを意味しているのではありません。

モラロジー・最高道徳の伝統は、「神〈本体〉及び聖人より直接にその精神を受け継ぎておるところの一つの系列の総称」（『論文』⑦二六一ページ）であり、「人類の肉体的及び精神的生活を創造し、もしくは進化せしむるところの純粋正統の系列を指す」（同）のですから、それは個人的・私的な存在ではなく、人間実社会・人間実生活の根本であり、その恩恵は人類全体に及んでいます。すなわち伝統とは、私たちの生命を生み育て、社会生活の基礎を築き、精神作用と行為の正しい標準を示して、人類を生存・発達・安心・平和・幸福への道へ導いてくださった、人類共通の恩人の系列です。伝統は、万物を生み出し、育て、生かす働きの根本である神に淵源し、一貫して神の働きを助け続けてきた系列です。

伝統には、大きく分けて三つの種類があります。第一は家の伝統で、家庭生活の恩人である父母・祖先を指します。第二は国の伝統で、これは国家統一の中心となって国家の秩序を維持し、国民を愛護し、養育してきた、国民生活の恩人の系列です。第三は精神伝統で、これは精神生活の恩人であって、聖人をはじめ、その教えによって人心開発救済をする最高道徳実行者の系列です。以上の三伝統のほかに、これらに準ずる社会生活上の諸恩人を準伝統と言います。

以上のような伝統の観念の基礎には、『論文』の第一巻第三章に詳述されているような階層構造を備え、相互扶助的に全体が調和して連帯し合い、永続する宇宙自然の秩序と働きがあります。廣池博士が明らかにされた伝統の観念は、いまだ多くの人たちがその存在とその実質を理解し、尊重しているとは言えませんが、それは特殊な存在ではなく、その働きと恩恵は常に広く全人類に及んでいます。伝統の働きは人間実社会に常に実現されていて、これまで永く受け継がれてきたものであり、人類にとって真に価値あるあらゆる存在の基盤です。

生存・発達の根源につながって生きる

伝統の尊重は、みずから求めて生存・発達の根源につながり、自己本位の狭い欲望の束縛を超え、心に真の自由を得て、安心し、喜んで各自の本分・使命に力を尽くして生きる、生き方の原理です。それは平和的・建設的な人間関係を築き、家庭から国家、国際社会まで、すべての団体や組織を秩序的・平和的に統一し、人類の真の安心・平和・幸福を実現する原理でもあります。

肉体も精神も自分が生み出したものでなく、与えられたものです。私たちにすでに与えられているさまざまな恩恵の中で最も根源的なものは、人間としての命と心とをいただき、人間として養育され、生かされていることです。その根本は万物を生成化育する神（本体）の働きですが、直接には神の意思に従い、その働きを助ける伝統の道徳的努力の累積によるものです。私たちは、伝統を通して生存の根源である神の働きを知り、その恩恵を受けているのですから、伝統を通してのみ、真に生存の根源につながって生きることができます。伝統を尊敬・尊重し、その恩恵に感謝する心によって伝統とつながることができ、また、その恩恵に報いる心づかいと行為とによって、そのつながりを深め、確かなものにすることができるのです。

伝統の尊重

伝統の観念は「その伝統の全系列を一つの個体と見なす」（『論文』⑦三一二ページ）ので、その恩恵に対する感謝・報恩は、個人と個人の間の私的な恩を超えるものです。たとえば親や師から受ける恩は、特定の親または師個人だけから受けるものではなく、親や師が伝統である祖先や先師の系列から受けたすべての恩を、親や師を通して受けることとなります。また、伝統への報恩は、親や師個人への報恩だけでなく、直接の親や師を通した伝統の全系列への報恩です。それはまた、広く他者が受けた恩に対する感謝・報恩も含むのですから、私恩を超えて公恩に報いることとなり、天地の公道に従った精神作用・行為となるのです。

伝統が万物を生成化育する神の働きを助け、「宇宙間の系列の一員としての義務」（同二七〇ページ）を果たし続けてきたから、現在の一人ひとりがあり、各自の生活があります。伝統に対する報恩の観念は、この真理を理解し、悟ることによって、その義務を自分自身のものとして自覚して、みずからその使命を果たすことを願う心から発するものです。それはまた、伝統の真心と苦労に対する感激から生ずる感謝の表現でもあります。最高道徳の伝統報恩は、自己存在とその使命の真実についての悟りと、伝統の大恩への感謝・感激から湧き出る至誠の表現であり、それはまったく自然的・自発的な心づかいと行いです。

伝統は、最高道徳の実質である慈悲を、神の働きを助けて実現し続けてきた存在です。「伝統尊重の原理は最高道徳の実質の核心を成すところの神の慈悲心の唯一の表現である」（同二七一ページ）のですから、伝統の尊重は、私たち人間がその慈悲を実現し、表現する方法の主眼であるのです。

生きる力の根幹を養う

伝統から受けている大恩は、普段私たちが「ありがたい」と思ったり言ったりしていることとは質も量も根本的に異なる、格別に大きく重要な恩です。私たちは普段、そのような大恩を忘れ、あるいは気づくこともなく過ごしています。

「ありがたい」とは、「有ることが難い」ということです。自分が人間として生を受け、人間の心が育てられ、今、人間として生きて生活できていることは、時間的・空間的に限りなく永く広く深いつながりの中で、限りなく多くの条件がすべて整ってはじめてできていることで、まさに奇跡のようなことなのです。その事実にまっすぐに目を向けて、その背後にある伝統の大恩を知り、それを恩恵と感じて心から感謝し、伝統を尊敬・尊重することが、人間が真価を発揮して真に意味ある生き方をするための、最も重要な基盤になります。この尊敬・尊重・感謝の心によって、人は「この世に生まれてよかった」と心から思うことができ、「この国に生まれてよかった」「この家に生まれてよかった」、さらには「この私に生まれてよかった、ありがたいことだった」と、心から思えるのです。

伝統の大恩を知って生存の根源につながることによって、人は大きく変わります。私がこれまで、多くの若い人たちと共に学ぶ中で目の当たりにしてきたことは、このような根本の恩に気づけた人は、気づいただけ、人間として確実に変わるということです。何よりも、伝統の恩を恩と感じることは、人の心を素直にして元気にします。伝統の恩を知り、感じることは、自分が真に大切にされ、守られていることを知り、実感することであり、それは自分が大切な存在であることを自覚することになります。自分自身が大切に守られ、育てられている大切な存在であることを自覚して、はじめて真に自分を大切にする心が養われ、また、他者も大切な存在であると思うことができるのです。

特殊な時代

これまでの半世紀余りの間に、わが国で根本から大きく変わったことは、家と国家についての考え方とその在り方です。その変化によって、私たちは、先人たちが永い時間をかけ、真心を込めて築き上げ、守り続けてきた大切なものを見失いかけてきました。家も国家も、子孫にも及ぶ先人たちの深い願いと献身・犠牲によってできたものので、そのあらゆる要素の中に、伝統が世代を重ね、累積してきた尊い願いと犠牲が込められています。

かつてなかった物質的な豊かさと安全と自由に恵まれていながら、今、幼い子供から高齢の人たちまで、精神的に深刻に苦しんでいる人たちがたいへん多いのです。そしてこれまでのわが国の永い歴史の中で、今ほど国民一般の常識が自己中心的になり、また、それを恥じる心を失ったことは、かつてなかったことです。今、普通一般の常識となっている考え方・生き方が、これまで世代を重ね、永続を実現してきた諸伝統と同じように、祖先・先人の思いや願いを尊重し、心のきずなを大切にして、永続を期して未来世代に道を拓くことをめざしているかどうかを、本気で問い直すときです。

私たちは今、人類史上、きわめて特殊な時代に生きています。

現在広く共有されている価値観の基礎には、近代民主主義の思想があります。その近代民主主義が尊重してきた「民」には、祖先・先人も、これから生まれてくる子孫も含まれていないのが普通です。したがって、現在の家族と国の概念には、祖先も子孫も含まれていないことが多いのです。困難な時代を生き抜き、永続を果たしてきた先人たちの生活の中心には祖先の祭祀《さいし》があり、祖先を尊敬し、祖先からの伝統を常に尊重し続けてきました。先人たちが大切にしてきた家と国家には、尊重し、共感し、思いやる身近な「家族」として、祖先もこれから生まれてくる子孫も含まれているのが普通であったのです。

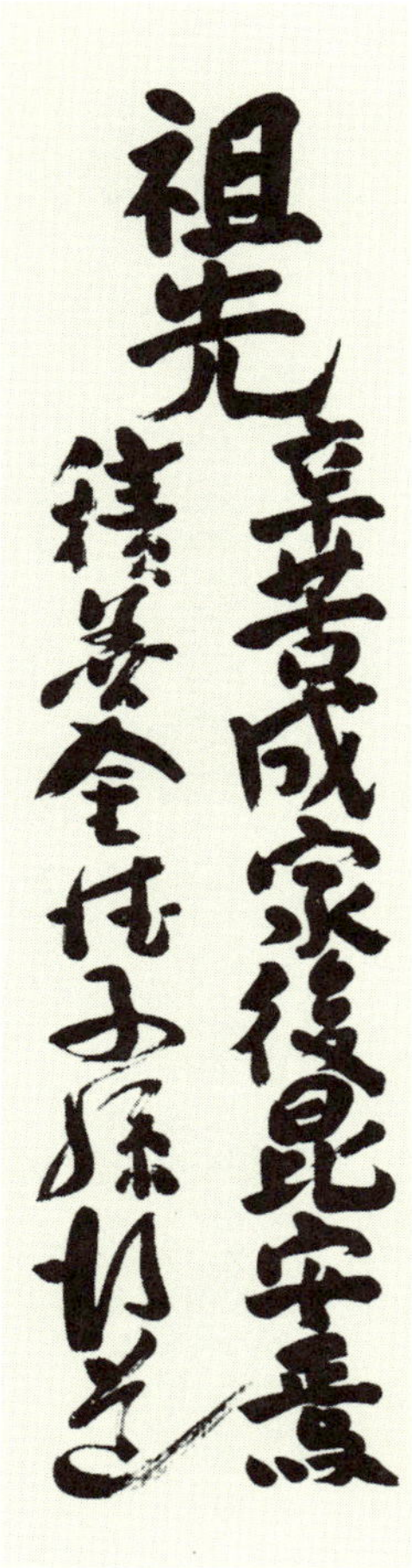

廣池千九郎博士の遺墨
「祖先辛苦して家を成し、後《こう》昆《こん》これに安んず。祖先善を積み徳を余《のこ》して、子孫道を得《う》」

世界を変えるために

育てる働きは、直接の恩を受けた親や師だけによるものでなく、親にはその親があり、師にはその師があるという限りないつながりがあります。人の命も心も、その人が生まれたときから始まったものではなく、代を重ねての伝統の道徳的な犠牲の積み重ねによって、絶えることなく受け継がれてきたものです。今、人間として生きて生活できているのは、そういう連続がその人に至るまで一度も途切れたことがなかったということです。人間は誰もが、そういう永続する働きの中で特別の使命を与えられている厳粛な存在です。その事実を自覚し、感謝の心で受けとめることが、自他の人間としての存在の尊さを知る基礎になります。

今、私たちが直面している大小のさまざまな課題は、起こっていることも原因も、目に見える事象はそれぞれに異なっていますが、根本ではつながっています。課題解決のために、さまざまな提案や試みがなされていますが、根本で、いちばん大切なことでありながら、いちばん見失われてきたことがあります。

現在の多くの人たちの精神には安定・安心がなく、社会組織も常に不安定で争いが絶えません。その根本の原因は、人間の行動・事業の原理が伝統尊重の精神を失い、利己的・孤立的となって、永続の価値とその原理を見失ったからです。私たちが今、意義と価値を認めてそれぞれに取り組んでいることは、本来すべて、伝統の系列に属する先人たちが永続を期して始め、守り続けてきた偉大な事業を受け継ぎ、発展させ、次の世代へ伝えるためのものです。伝統尊重・伝統報恩は、人間精神と人間社会の永続の原理であるのです。

『論文』の「第二版の自序文」には、「もし、今日、この伝統の原理が世界の識者間のみにでも普及せば、今日の世界の混乱状態はたちまちに平和に帰し、人類一般の安心及び幸福を実現するに至る」（『論文』①序文三二ページ）と記されています。今、モラロジーを学ぶ多くの人たちが、身近なところから伝統尊重・伝統報恩の真心を発揮して実行していることは、すべて真に永続するものを生み出し、その価値を明らかにして、世界を根本から善い方向に変えることに確実に貢献しているのです。

七、人心開発救済の原理

第十四章第十項は「最高道徳は純粋正統の学問に依拠して人間の精神に対し真の開

発をなすことをその究極の目的となす」（『論文』⑧三〜一八八ページ）、第十一項は「最高道徳の実行は自己の救済さるることに帰着す」（同一八八〜二九八ページ）です。第十項は百八十五ページにわたって、第十一項は百十ページにわたって、それぞれ人心開発と人心救済の原理・実質・内容が、その実行の指針や実行上の注意をも含めて、たいへん詳しく懇切に記述されています。

最高道徳における開発の意味とは、一般の教育による開発の上に「更に純粋正統の学問をもって、秩序的にその精神を知・情・意の各方面にわたりて、根本的且つ普遍的に開発して、古聖人の理想とせしところの至誠且つ慈悲の精神を有する人間を造り出さんとする」（同八ページ）ものです。また、最高道徳における救済の意味については、「過去における不完全なる自己及び自己の精神作用を全く最高道徳的に浄化すること」（同一九〇ページ）とされています。「モラロジーの最高道徳における開発と救済との関係」（第十四章第十項第十六節、『論文』⑧一四七〜一四九ページ）については、「開発の極致は救済であるのです。されば、開発と救済とは、ある場合には人間道徳心の程度の差違を意味し、ある場合には同一の意味になるのであります」（同一四八〜一四九ページ）と説明されています。

聖人の知識と道徳は一体ですから、最高道徳の開発と救済は究極的には一体であるのですが、人間の知識と道徳は一体となって働いてはいないのが普通です。『論文』では「すべて真に神〈本体〉の心を体得してその正しき伝統を継承せる諸聖人の教育法は、その慈悲心の上より便宜の方法を許さざるにはあらざれど、その正則は、結局、理性を開発するとともにこれを救済するにあった」（同一三三ページ）として、「諸聖人の教育法の正則」に従って人心を「広く開発し、しこうして深くこれを救済す」（『論文』⑨三一三ページ）るために、開発と救済につきそれぞれの項を立てて、主に第十項で人心開発が、次に第十一項で人心救済が説明されています。さらに、次の第十二項から第三十二項までには、最高道徳の人心開発救済の原理にかかわるより具体的で詳細な説明と実行の意義、実行の指針と方法、実行上の注意などがあり、第十、十一項の記述が実行につながるよう、また誤りなく実行できるように、さまざまな面から詳しく説明されています。

私たち人間にとって最も重要な問いは、自分がみずから選択してみずからできることで、人生を真に生きがいあるものにする、人間として真に意味ある有益なことは何であるかということです。最高道徳の人心開発救済は、世界の諸聖人が命をかけ、生涯をかけて明らかにされた、その究極の問いに対する答えでもあります。

精神の働き

人間のあらゆる営みは、精神の働きの現れです。目に見える行動だけでなく、喜びや苦しみまでも、すべて心が生み出しているものです。心を使うことは、日常不断のことで、時々刻々の心づかいのすべてを私たちは自分自身で選択しています。どれほど些細な心づかいも、確実に原因となり、法則に従ってその原因に応じた大小の結果を生み出しています。しかし、日々の生活の中では、目に見える現象だけに心を奪われて、その元にある精神の働きを見失いがちです。

世界の諸聖人は共通して、最高道徳の真の人心開発救済に生涯を捧げられ、精神作用の重要性、特に自己中心的・自己本位の欲に縛られ支配されている心づかいを根本的に改めて、精神の質を高めることをすべての人に推奨されました。それは、私たちが精神作用の重要性と人間精神の真の可能性に気づこうとせず、人間としての完成をめざすこともなく、虚《むな》しく日々を過ごしているからです。諸聖人の救済心は、私たちが各自の真の使命に気づくこともなく、無益なことで苦労をしたり、危ない目に遭ったりつらい思いをしたりしていることを真に憐れみ、惜しむ親心から発しています。

精神作用が法則に従って結果を生み出していることは、ある程度までは誰もが信じています。しかし、心の働きは目に見えないので、精神の法則は、一般に物質世界の法則のように厳密・厳格なものとして信じられてはいません。しかし、人間の心の働きについて確かなことは、第一に、心の使い方はまったく各自の自由であり、その自由は普通一般に考えられているよりはるかに大きく広く深いこと、第二には、各自が選んだ日常不断の心づかいが原因となり、法則に従った結果を生み、確実に各自の人生を変え、運命を築いていることです。

人間精神の改造

一人ひとりの心の働きも、その基盤は、永い間の人類の精神進化の歴史の中で進化・発展してきた結果を受け継いでいるものです。時々刻々、みずから選んで使う心の働きには、起源も働きもまったく異なる二種類の傾向があります。その一つは、不安・不和・不幸の原因となる自己中心的な利己心であり、もう一つは、安心・平和・幸福の原因となる慈悲心です。「人間の自己保存の本能は、絶えずその境域を超えて利己的本能に進みおる」（『論文』①序文一〇ページ）ので、通常、利己心が人間の心の大部分を占めていて、慈悲心は、誰の心にもその種子は確実に存在しますが、その働きは非常に微かなものです。したがって、正しい標準を学び続け、守り続けて、常に心の修養に励み、利己心を捨てて慈悲心を養い、発達させることに努めなければ、人間の運命はたいへん危ういこととなるのです。

大宇宙・大自然の中で「生かされている」私たち一人ひとりは、みずから「生きる」一人の人間としてはきわめて無知であり、無力です。そのような人間が安心・平和・幸福に生きる唯一の道が、人間の利己的な精神を根本的に改造して、万物を生み出し、育て、生かす人知を超えた働きを深く信頼し、安心してその働きに従い、その働きを助ける至誠・慈悲の精神に立て替えることです。

人間精神の改造は、最後はその人自身だけができることで、ほかの誰も代わって行うことはできません。しかし、私たちが真にその必要性と可能性とを理解し、自己の精神を至誠・慈悲の心に立て替えることをめざして生きることができるのは、私たちをその道へ導いてくださった精神伝統の道徳的努力によるものです。

人間の心に養われた至誠・慈悲の精神は、諸聖人の真の救済心を受け継ぐ人心開発救済によって表現することができます。

真の善事

本当は誰もが、本心の本心では、できるだけ正しく、善い生き方をしたいと願っています。しかし善意をもって、善いことをしようとしても、それは必ずしも善いことにはなりません。自分が善いと思っていても、相手は善いと思わないこと、相手も善いと思っていても、第三者には喜ばれないことがあります。また、思わぬところで、善意でしたことの功と同じ程度か、またはそれよりも大きな弊害が伴っていることも多いのです。善いと思うことを実際にみずから行ってみて、自分がしたことの本当の影響・効果をよく知れば知るほど、本当の善事を行うことはなかなか難しいものであることが分かります。それは普通、私たちが善事と思って行っていることの多くは、人の利己心を満足させることが主で、人の心から道徳心を引き出し、慈悲心を育てることにはなっていないからです。

「最高道徳の実行は自己の救済さるることに帰着す」（『論文』⑧一八八ページ）るのですから、最高道徳の人心開発救済は、いかなる場合にも、他者を助けることが自分が助かることとなり、自分が助かることが他者を助けることにつながります。したがって、利己と利他が調和し、一体のものとなって、相手にも第三者にも真の利益を与え、しかもその究極の結果として大いに自己自身を幸福にすることになるのですから、それこそが、まさに誰もが心から納得できる真の善事であるのです。

私たちが日々行うことには、どのようなことにも目的があり、目の前の小さな目的は、それよりも大きな目的につながっていて、さらに突き詰めていくと、誰の心にもその人にとっての究極の生きる目的があります。私たちの心に起こるさまざまな目的の根幹で通じているのが、心の修養をして品性を完成し、真の人間になるという究極の目的です。その目的のためには、人生の中で自分の身に起こることに無駄なことは何もありません。苦難も含めて人生の中で出遭うすべてのことが、あるいは特に苦難こそが、心の修養のために天から与えられた賜物《たまもの》であることになります。

人生の完成

欲望の充足によって得られる喜びは、すべて一時的・一部分的なものですが、最高道徳の人心開発救済の実行は、小さなことでも必ず心に永続する真の安心と喜びをもたらし、人生の全体に意味を与えます。それは、人の心に慈悲心を養育することが真に意味あることであり、人間がみずから実行できる、最も宇宙自然の法則に適った心づかい・行為だからです。

また、人心開発救済の実行は、過去の苦労・努力の結果のすべてを、みずから真に有益なことに役立てることになりますから、過去の苦労にも新しい意味が生じ、心にますます大きく深い喜びを生みます。それは人生を、その人自身が心から納得できる完成に導きます。

特に人心救済の原理・実質・内容が主題である第十四章第十一項の表題が「最高道徳の実行は自己の救済さるることに帰着す」であることから、人心開発救済の実行の確実な結果は、実行した人自身が救済されることであることが分かります。人心開発救済の実質は、他者を助ける行為や事業というよりも、その当事者の至誠・慈悲の精神作用そのものです。第十四章第十一項には、「人心救済〈開発を含む〉の実質そのものは、自己の直接もしくは間接に関係ある人心の開発もしくは救済の事業、その他営利事業に直面する場合に当たって、その関係者のなすことを見聞し、これによりて他人のなすことを不快に感ずることなく、不平を起こすことなく、且つ他人を排斥することなく、一切の事を自己の徳の足らざるところに帰してこれを自己に反省し、真の慈悲心をもって他を愛するということであるのであります。かくて、その慈悲心を自然に他人の心に移植するに至ることがいわゆる人心救済であるのです」(『論文』⑧二〇九ページ)と記されています。この心づかいによって、誰もが万物を生み出し、養育し、生かす神の目的を真に助ける生き方ができ、真の安心・満足・喜びを味わうことができるのです。

八、最高道徳実行の効果

第十五章は、第一巻の最終章で、その表題は「最高道徳実行の効果に関する考察」です。

人間各自のいかなる精神作用・行為も、必ず何かの原因となり、人間の幸・不幸にかかわる結果を生み出しています。しかし、その因果関係の確かさや、原因としての精神作用・行為の影響力の大きさについては、さまざまな考え方があります。

道徳的因果律とは、人間の精神作用・行為とその結果の間に成り立つ法則を意味します。精神作用・行為とその結果について、人間にとって重要なのは、ありのままの客観的事実そのものよりも、それが善いか悪いか、幸か不幸か、意味があるかどうかです。

廣池千九郎博士は、人間・社会・自然にかかわる広範な領域の総合的な研究の結果と、みずからの実践とにより、道徳的因果律の存在を確信しました。また、人類の幸福を増進し、世界平和を実現するために、その研究の必要性を深く認識して、道徳の科学的研究を試み、その可能性を示し、新しい研究への道を拓きました。

善悪の標準

道徳的因果律の研究においては、原因と結果の道徳的な価値がその主眼となるので、善悪の標準を定めなければ、道徳的因果律の存在を証明し、説明することはできません。廣池博士は道徳実行の効果を科学的に研究する上で、その前提として、善とは「人類の生存・発達・安心及び幸福享受の原理に一致する人間の精神作用及び行為」（『論文』⑨九ページ）であり、悪とは「その反対の精神作用及び行為であることに帰する」（同）とし、一貫してこの標準に基づいて研究を進めました。この意味での真正の善は「世界諸聖人の教説・教訓及び実行の事跡においてこれを見ることを得る」(同)のですが、その主眼は、行為の形式よりも精神作用にあります。

「人類の生存・発達・安心・幸福」を真に目的としているかどうか、また、その実現を実際に助長するものであるかどうかを人間の精神作用・行為の善の標準とし、この意味での真正の善を最高道徳と呼び、廣池博士は終始、この標準に基づく心づかいと行為によって研究を進めました。

希望の原理

『論文』では、因果律の知識について、「これを知っておっても、実際の事に当たるときにはその精神を至誠且つ慈悲に用うるとか、その行為を正しく且つ慈悲に用うる人はほとんどない」(『論文』⑨四四ページ)ともされています。モラロジーの因果律の原理をいかに学び、理解し、用いるかも、その根本は「知覚・認識・感情及び意思のごときもののすべての精神的機能の発作状態を含んでおる」(同三六ページ)精神作用にあり、その精神が至誠・慈悲であることによって、因果律の知識が最高道徳実行の基礎となります。

モラロジーの因果律を学んで知っていても、実際には多くの人たちが、因果律という言葉に暗く否定的なイメージを持っています。それは、因果律の知識が善い原因を造る善い心づかいよりも、悪い結果を予測して心配したり悩んだり、失敗や不幸などの悪い結果からさかのぼって過去の悪い原因をあれこれ悔やみ、その結果、自他を責めたりする心づかいと、強く結びついて意識されているからです。

モラロジーの因果律は、本来、宇宙自然の法則そのものであり、神の慈悲の働きであり、さらには人間として生きる意味や希望・喜びをも含む、豊かで力強い観念であり原理です。実際に、廣池博士が発した「因果律」という言葉によって、多くの人たちが心から納得できる真の生きる意味を見出すとともに、みずから新しい運命を拓く勇気と生きる力を得ました。因果律の正しい理解は、「深く天道を信じて安心し立命す」（同二八五ページ）、また「原因を追わずして後を善くすることを図る」（同三五二ページ）の心づかい・行為となるものですから、モラロジーの因果律の原理は、正しく理解し正しく用いれば、真の意味での希望の原理であると言えます。

最高道徳を標準とすれば因果律の存在を確信することができる

『論文』第一巻第十五章の表題が「最高道徳実行の効果に関する考察」であることから、モラロジー研究の主眼は、最高道徳及び最高道徳実行の効果の解明にあることが分かります。

一般に、道徳的因果律の存在が疑われる主な理由は、原因とされる道徳が不完全であることと、原因と結果の捉え方が一時的・一部分的であるために、善いと思っている行為の結果が、必ずしも善いと思えないことにあります。廣池博士の道徳研究の重要な成果は、最高道徳を標準として、これを真の善因とすれば、道徳的因果律の働きは確かな事実であり、誰もがその存在を確信できることを明らかにしたことです。

特に重要なことは、その確信が、人間の安心・幸福・希望・生きる力の根源であり、また、多くの人たちがその確信を基礎として最高道徳を実行することが、世界人類の幸・不幸にかかわるあらゆる重要な問題を根本的に解決する鍵であるということです。

因果律を確信するとは慈悲を確信すること

では、私たちは、何によって、どのようにして、因果律を確信することができるのでしょうか。私たちの限られた知識で判断できる身の回りの事象の原因・結果の関係を追うだけでは、迷いも生じやすく、なかなか確信するまでには至りません。

廣池博士は、ご自身が因果律の存在の「確信を大成した端緒」（『論文』⑨五ページ）は「日本皇室の万世一系の真原因を学問的に探究し、且つ決定せんと思い立てるとき」（同）であったと述べておられます。世界諸聖人の思想と事跡の研究の上に、特に日本皇室の研究を通して、純粋無私の慈悲がこの世に生きて働いていて、絶えずその働きから多大な恩恵を受けていることを深く理解し実感されるとともに、最高道徳実行の偉大な効果を確信するに至ったということです。

確実な善因である最高道徳の実質は慈悲ですから、道徳的因果律の存在を確信するとは、慈悲の働きを確信することです。実際には、誰もが、常に、直接的あるいは間接的に、神・諸聖人からの、また、諸伝統からの慈悲に恵まれて、大切に守られ、育てられ、生かされています。しかし人間の心は、とらわれやこだわりによって、あるがままをありのままに見ることができず、目先の狭い欲による好悪や利害にとらわれて、神・諸聖人、諸伝統の慈悲からいただいている偉大な恩恵を自覚し、感謝することができてはいません。

私たち人間は、最高道徳実行の必要性とその可能性を知って、最高道徳の実行を本気でめざすことによって、神・伝統の慈悲を正しく理解し、実感し、その偉大な働きにつながって生きることができます。神の慈悲は、感謝・報恩・伝統本位の生き方によって、その働きへの確信を深めることができるのです。

安心・希望・生きがい

宇宙自然の法則に従って、万物を生み出し、育て、生かす働きを助ける諸伝統の慈悲は、誰にも向けられているものですから、その慈悲を素直な心でまっすぐに受けとめることによって、私たちは、まず自分自身が真に尊重され、大切に守られ、育てられ、生かされている存在であるのを知ることができます。それによって、自分自身が人間として生きて生活できていることのありがたさを知ることとなり、それが自分と自分の人生を真に大切にし、また、他者をも尊敬し、大切にする心を養うことにもつながります。

諸聖人の教えを受け継ぐ正しい因果律の観念を養い、因果律の存在を確信することの第一の効果は、心に直ちに現出する安心・希望・生きがいです。それは人間として生きることの真の意味の発見であり、精神の力の偉大さを知ることでもあり、心づかいを根本から立て直すことによって、運命を根本から改善できる可能性を自覚することでもあります。

廣池博士は「先天的運命を立て直さねば、人間各自の幸福増進はできぬ」（『特質』）とも述べていて、すでに与えられている先天的運命も含めて自己の責任として受けとめ、最高道徳の実行をめざして生きることによって、運命を根本から立て直す可能性と方法を明らかにしています。それは、すでに済んだことは過去に戻ってやり直すことはできなくても、祖先・先人の行跡をも含めて、過去の心づかいと行いや自分の身に起こったことの道徳的な意味や価値は、現在とこれからの生き方によって大きく変えることができるということでもあります。ここには「このモラロジーの原理を体得されて人心の開発もしくは救済に力を尽くさるるように致されましたならば、その前半生の苦労がみな生きてきまして」（同）とも記述されていて、人を真に幸せにする真に有益な道徳に力を尽くして生きると、過去の苦労・努力がすべてそのために生かされるようになって、済んだことの価値や意味を善い方向に変えることができるということでもあるのです。

因果律の存在を確信するとは、結果を求めて心配したり、悩んだり、苦しんだりすることなく、安心して最高道徳の実行をめざして生きることであり、それは今に安心し、今与えられているすべてを喜び、すべてに感謝する心づかいを目標にして日々を過ごすことですから、これこそが究極の安心・希望・生きがいの原理であるのです。

九、最高道徳の大綱

『論文』第二巻は「最高道徳の大綱」で、最高道徳の実質・内容が百三十六項の格言として示され、それぞれに説明文が付されています。『論文』初版及び第二版では、格言はすべて八文字の漢字で表された漢文でしたが、現行の『論文』ではすべて書き下した文で記されています。

廣池博士ご自身が聖人正統の最高道徳を大法として体得され、実際生活において実行を重ねられる中で体験されたことを、一つひとつ成句にして表現されたものが最高道徳の格言ですから、格言は、何よりも廣池博士の実行によってその内容が確かめられ、深められたものです。また、これまでに多くの人たちが最高道徳の格言を常に学び、生き方の標準・指針として、心づかいの反省・修養を重ねてきました。格言によって多くのモラロジーの先人・先輩が最高道徳を学び、心づかいの実験・研究・修養を重ねてきたことによっても、その内容が確かめられ、深められてきたと言えます。

格言は『心のカレンダー』や『最高道徳の格言』（共にモラロジー研究所編）からも学べますが、今、私たちが「最高道徳の格言」と呼んでいる教えは、三項を除いてすべて廣池博士の言葉であり、そのほとんどが『論文』第二巻に記載されています。『論文』第二巻の格言の中で、第四章「最高道徳実行の第二根本精神」の第四項である「意《い》なく必《ひつ》なく固《こ》なく我《が》なし」（『論文』⑨二九三ページ）と、第五章「最高道徳実行の根本原理及び根本精神を表現する主要事項」の第一項である「天爵を修めて人爵これに従う」（同二九九ページ）と、第九章の第三項である「積善の家には必ず余慶《よけい》あり」（同四二一ページ）だけは、それぞれ経書である『論語』『孟子』『易経』より、聖人の教えがそのまま引かれています。

繰り返し学び考え究めることを

第二巻第一章は「最高道徳実行の諸項目の制定さるるに至りし原因及び順序」で、

ますはじめに、格言がどのような意図でどのように制定されてきたかが説明されています。その第一章で「この最高道徳を体得せんとする人の記憶に便ならしめんがために、その実質の内容を簡単なる一つの成句に作った」（『論文』⑨二八〇ページ）、また第一章の最後には「読者は反覆これを御考究あらんことを乞う」（同二八三ページ）と述べておられます。実行を心がけ、何回も読み返し、学び直すと、同じ格言でも、日常的・具体的な実行の指針として読めるときもあり、より深く広い意味や願いが感じられる場合もあり、繰り返し何回読んでも毎回新しい発見があり、新鮮な何かが心に伝わってきます。

格言は、素直な心で自分自身の生き方の問題として読むと、どれもがまさにそのときに必要な、具体的な実行の指針・方法です。どの格言の背後にも、廣池博士ご自身の実行の生命と、「誰かの代わりに自分が道徳を実行しても、それだけでその人を幸せにすることはできないから、何とかしてその重要性と実行の可能性を人の心に伝えて、読む人の本気を引き出したい」という、深い願いと祈りがあります。また、そのためには「あらゆる工夫と努力を惜しまない」という強い意志も感じられます。何回も繰り返し読むうちに、記述されている内容だけでなく、背後にあるそのような廣池博士の思いや願いがより強く伝わってくるようになります。

明治四十二年より永い年月の間に

第二巻第一章には、「私は年来久しく世界諸聖人の教説・教訓及び実行上の実質及び内容についてこれを調査し、しこうして最近十九か年間〈明治四十二年（一九〇九年）より本書脱稿の年すなわち昭和二年（一九二七年）までを算《かぞ》う〉及ばずながらも自らこれを実行させていただいて、真に安心且つ幸福の新生涯を開き更生の恩沢に浴したる結果、新科学モラロジーの建設となり、よっていわゆる最高道徳の発表を見るに至った」（『論文』⑨二七九〜二八〇ページ）とあります。また、「一毫《いちごう》の微《び》といえども私の意見を交えたところはありませぬ」（同二八〇ページ）とも述べておられて、私見を交えず、まったく聖人の教えと実行に順応し、同化され、その精神で「実行して得たるところの実地の経験の結果」（同）であることが分かります。そして「最初に出来たのが『慈悲にして寛大なる心となり且つ自己に反省す』でありまして、これは天照大神《あまてらすおおみかみ》の御聖徳について私の感激した結果を諸聖人の事跡と照らし合わせて作ったものであります」（同）とあることから、まずはじめに「最高道徳実行の第一根本精神」が自己の心に確立され、その後、その精神によってさまざまな実行をされる中で、一つひとつの格言が「永い年月の間に漸次に成り立ってきた」(同)ものであることが分かります。これらの記述は、廣池博士による最高道徳の研究と実行の事跡を知る上で重要です。

最高道徳の大綱としての格言

第二巻は、次の十章から成っています。

第一章　最高道徳実行の諸項目の制定さるるに至りし原因及び順序
第二章　最高道徳実行の根本原理
第三章　最高道徳実行の第一根本精神
第四章　最高道徳実行の第二根本精神
第五章　最高道徳実行の根本原理及び根本精神を表現する主要事項
第六章　最高道徳実行の根本原理及び根本精神を表現する主要方法
第七章　最高道徳実行の目的

第八章　最高道徳実行上の注意条件
第九章　最高道徳実行の効果
第十章　最高道徳の実行及び本書における事実の断定につきて

このように、第二巻の百三十六項の格言は、第二章から第九章までに、最高道徳実行の「根本原理」「第一根本精神」「第二根本精神」、根本原理及び根本精神を表現する「主要事項」「主要方法」、最高道徳実行の「目的」、最高道徳実行上の「注意条件」、最高道徳実行の「効果」に分類され、その順序で記述されています。

最高道徳の全体を大法として体得し、実行するためには、精神伝統の感化を受け続けるとともに、実行の原理としての全体の構造を理解して、実行の過程でも、みずからの意識を深め、高めていくことが必要です。第二巻の「最高道徳の大綱」では、実行の原理としての最高道徳の全体の構造が、たいへん分かりやすく、また、実行につながりやすいように明らかにされています。第二巻の格言は、最高道徳の実行をめざす人にとって、一つひとつが最高道徳実行の指針・標準であるだけでなく、その全体が「大綱」として、実行上の重要な指針・標準となっています。

格言によって最高道徳を正しく学び、正しく実行するためには、「必要なとき・必要な場合に必要な格言を」というだけでなく、原典である『論文』第二巻によって、全体の中でのそれぞれの格言の意図と位置づけをよく理解した上で、一つひとつの格言を学ぶことが求められます。

最高道徳実行上の注意条件

この第二巻では、根本原理及び根本精神を表現する「主要事項」「主要方法」、最高道徳実行の「目的」までを明らかにされた上に、実行上の「注意条件」として百九項の格言があります。

最高道徳実行の「根本原理」から「目的」までの項目を踏まえて、また、少しでも実行を試みた上でこれらの「注意条件」を学ぶと、私たちが実行上迷いやすいこと、誤りやすいところを、廣池博士がいかに深く慮《おもんぱか》り、いかに正しく的確に知っておられたかに驚きます。「廣池先生は、私の迷いや悩みをここまで深くお考えくださり、知ってくださっているのか」という実感です。モラロジー・最高道徳を学び、その実行を志す人たちが誤りなく実行できるようにという深い救済心が、百を超える項目になったのだと思われます。それは、誰もが幼児のときに受けた、母親の純粋無私の温かい親心のようにも感じられます。

格言の内容を実行に移し、自分の生き方にする上で、百九項の「注意条件」の第一が「まず精神を造り次に形式を造る」（『論文』⑨三二五ページ）であり、その第二が「邪を破らずして誠意を移し植う」（同三二六ページ）であることに、特に注意を払う必要があります。

最高道徳の主眼は心づかいですから、どの格言の内容も主眼は心づかいにあります。しかし、モラロジー・最高道徳を学んでいても、私たちが普段、道徳と思って実行していることのほとんどすべてが、実際には精神よりも形式が先になっていますから、「まず精神」を常に念頭に置いていないと、格言の意味も誤解しやすいのです。

また、私たちがすでに身に付けている道徳的な標準は、みずからの生き方の標準としてだけでなく、多くの場合、他者を評価し、あるいは非難する道具となっています。そのことをよく心得て「邪を破らず」をいっそう心がけないと、格言によって学ぶ最高道徳も人を評価し、非難する道具になります。廣池博士はご自身の心づかいの反省を、『日記』に「悪を見て悪と思うによりて、悪をなす人よりは、こちらがかえって災いにかかる。心を研くほど、すぐに人の悪が見ゆる。然る時に悪をなす人は何ともなけれど、かえってこれを思う我れの方が病となる」（大正元年八月八日、『日記』①八五ページ）と記しておられます。

一人ひとりを大切に導くために

心づかいの実行をめざして格言を学ぶと、百三十六項の格言は比較的初歩的なものから非常に高度なものまで、その内容に段階があるように思えます。しかし、繰り返し学ぶうちに、内容に段階があるというより、どの格言も根本は一つであり、その根本を正しく伝えるために、また、根本原理・根本精神を正しく理解し実感するための実際的で具体的な方法として、さまざまな道が示されていることにも気づけます。

どの格言も、実行をめざしてこちらから働きかけると、そのときの自分の段階、そのときの状況に応じた読み方と感じ方があって、そのどれもが大切であると思えます。格言に込められた意図と願いを念うと、「いちばん深い最高の段階の読み方というものがあって、それだけが正しくそれだけが大切」ということではなくて、それぞれの道徳的段階とそのときに応じた読み方のどれもが、それぞれに尊重されなければならないと思えます。

さらには、多くの先人・先輩からご教示をいただき、多数の仲間たちと共に学ぶ中で、人それぞれの読み方、それぞれの受けとめ方のどれもが、廣池博士によって意図されたものではないかとも思えるときがあります。根本は一つであっても、そこへ向かうさまざまな入口と道があり、そのどの道にもそれぞれの段階があるということです。一人ひとりを大切に導くために、そのどの道も、どの段階をも大切にして、一人ひとりの心を粘り強く育ててくださる深い親心が、第二巻の格言の全体に込められています。

格言は廣池博士の精神生活のありのままの記録でもあります。格言を常に学ぶことによって、廣池博士のお心につながり、毎日教えをいただくことができますし、廣池博士を人としてより深く理解することもできます。学んだことを実行してみた上で、分からないことや困ったことはお尋ねすれば、格言によって何でも答えてくださいます。

第二巻第一章の最後には、格言について、「この諸項目に含蓄するところの意味は千万無量にして複雑深遠幽幻且つ微妙を極めておる」（『論文』⑨二八三ページ）とも記しておられます。それだけ、格言によって最高道徳を学び、その実行をめざす道は奥が深く、終わりはないということです。

第六章　最高道徳の実行をめざし続けるために

最高道徳の実行は、その原動力である動機と、帰着点である目的の心づかいを改めることから始まります。最高道徳実行の動機は贖罪・報恩であり、その目的は自己の品性完成です。人の幸せを願い、真に人を幸せにするために、この動機・目的の心づかいによって道徳を実行し、自己本位の利己心を最高道徳の慈悲心に立て替えることが最高道徳の心の修養の主眼です。それを自分自身の生き方として本気でめざすためには、まずそれが自分自身のために真に有益であり、必要であると同時に、可能であることを知る必要があります。

一、「最高」と「完成」をめざす

『論文』第一巻第十四章「最高道徳の原理・実質及び内容」（『論文』⑦一ページ）の第一項は「最高道徳の淵源及びその最高道徳における自己保存の意味」（同三ページ）で、その第一節は「モラロジーは品性完成の科学にして最高道徳の理解及び実行によりてその目的を達成す」（同）です。モラロジーの研究も教育も、その究極の目的は人間の品性を「完成」することにあり、それは聖人正統の「最高」道徳を正しく理解し、正しく実行することによって達成されるということです。

心を造る志

私たちは誰もが、心の深いところにある本心の本心で、常に自分を心から信頼し、自分の真価に心からの期待をかけてくださる人を求めています。そういう人に出会えたときに、自分の内から、行いを正し、身を修めて、よりよい生き方をしようとする意思が引き出され、力が湧いてきます。私たちのありのままの人間性を最も深く理解した上で、私たち一人ひとりの精神の真価に最も高い可能性を認め、最も深い信頼を置いてくださったのが、世界の諸聖人です。廣池千九郎博士は、諸聖人のその精神と心情をそのままに受け継がれたのですから、その心を自分に向けられたものとしてしっかりと受けとめることが、「最高」の心づかいをめざす志の根幹を支える根となります。

体を造ることには限界がありますから、誰もがスポーツで世界一になる人たちのような最高の体をめざすことはできません。しかし、心を造ることには、その可能性に限りがありませんから、他者との比較を超えて、誰もが最高を目標とすることができます。廣池博士を通して聖人の慈悲と信頼を受けとめることは、私たち一人ひとりが、万物を養育する慈悲につながる最高の心づかいの実現を目標として、心を造る志を持つことでもあります。

大宇宙・大自然の働きを助ける

「最高」と「完成」をめざすことには、多くの人が躊躇《ちゅうちょ》したり、抵抗を感じたりします。それを無理と感じ、苦しみと感じ、あるいは、実現できないと分かっていることを目標とすることは愚かであると考える人もあります。最高をめざすこと自体が無理となり、苦しみとなるのは、利己的で自己本位な欲によって最高をめざすからです。

最高品性をめざして最高道徳を実行する心づかいの根本は、個人の欲や願望を満たすためでなく、自己を生み出し、養育し、生かす大宇宙・大自然の働き、つまり神の目的実現を助ける心ですから、最高道徳の実行によって心を造る志は、その目標がいくら高くても、そのための努力が無理となり、苦しみとなることはありません。その自覚によって、私たちは安心して「最高」と「完成」をめざすことができるのです。

また、「最高」と「完成」をめざすからこそ、それが不十分・不完全なものであっても、私たちの日々の努力の深い意味を理解し、味わうこともでき、謙虚に反省することもでき、それが迷いや困難を乗り越える力ともなります。

二、寛大な心を養う

私たちは最高道徳実行の基礎として、ものごとを正しく知るだけでなく、宇宙・自然の働きの本質である慈悲を実感し、その存在と働きを悟る必要があります。「天道」も「現象の理」も、知るだけでなく「深く信じ」、「悟る」ものです。ありのままの事実を正しく知るためには、公平な心と、知ろうとする意思と、知るための自発的・意図的な努力が求められます。しかし、悟りは、そのような積極的・能動的な自力によって実現するというよりも、より受動的なもので、条件が整ったときに自然と恵まれるものです。真理を求めて積極的に知る努力を重ねることは、心の修養に欠くことができませんが、それだけで悟りに至ることはできません。

心を開く

深く信じて悟りに恵まれるための最も重要な条件は、求める人自身の生き方と心の状態にあります。心が利己的・自己中心的な欲やこだわりに支配されていて、狭く閉ざされた状態のままでは、「深く天道を信じ」（『論文』⑨二八五ページ）、「現象の理を悟り」（同二八六ページ）、「自ら運命の責めを負う」（同）ことはできません。狭い欲やこだわりを乗り越えて、生き方を改め、心を開き、大きく広く自由にすることが求められます。そのためにはまず、今の自身の心が欲やこだわりにとらわれ支配されていて、狭く不自由な状態であることを自覚することです。

今の心が狭く自由でないことは、欲・強情・高慢・我慢・負け惜しみ・反抗・拒絶・排斥などの心の働きと、それに伴う不快・不満・妬《ねた》み・恨み・憎しみなどの感情によって知ることができます。このような心の働きは、狭く、脆《もろ》く、不自然・不合理で、不安・不和・不幸の原因となります。このような心が働くときには、それをはっきりとは意識できていない場合も多いのですが、必ず対象となる特定の他者がいて、その人との間の好ましくない特別な関係や出来事があって、それを拒絶し、排斥し、あるいは赦せないという感情があります。

人生の中で、誰もが常に、このような否定的な心の働きを体験していますが、それは、やはり多くは身近な人たちに対してであり、特に大きな恩恵を受けてきた人たちに向けて、知らず知らずのうちに発揮することを重ねてきているのです。恩ある人たちに向けて不平・反抗・恨みなどの否定的な心づかいを発揮することは、それだけでも道徳的には大きな罪となります。いかなる境遇のもとで育った人でも、特別の恩ある人に対してこのような否定的な心づかいをすることなしに育った人はありません。重い軽い・深い浅いの違いはあるにしても、誰もがその罪への気づき・反省・自覚が不十分のままで、そのときの「赦せない」という思いを解消できずに、心の深いところで永く持ち続けているものなのです。それは、心づかいの罪の種を心に持ち続けていることとなり、そのことが、心をより大きく広く自由にすることを妨げ続けています。

心を大きく自由にするための本格的な修養は、永く持ち続けてきた反抗・拒絶・憎しみ・恨みなどの心づかいに気づいて、その誤りを認め、深く反省して、謝罪する心になることから始まります。

思いやりの心で受け容れる

『道徳科学の論文』には、「最高道徳実行上の注意条件」の一つとして「一つの念《おも》いも一つの行いも仁恕《じんじょ》を本となす」（『論文』⑨三四〇ページ）とあります。いかなるとき、いかなる場合、いかなる人に対しても、相手に対する思いやりを心づかいと行いの本とするということで、それは他者の欠点や悪を見聞したときにも、あるいは直接自分自身に悪意が向けられたと思ったときにも、まず相手の立場に立って、相手の心を思いやることから出発して、その心を基本とするということです。そういうときに、自分自身の心に起こった思いと感情を振り返ってみると、ほとんどの場合、必ずまず相手の非を責めていて、赦せないという思いと共に、不快・不満・憎しみなどの感情が本となっています。その事実を認め、一時的にでも、これまで重ねてきた心づかいの罪を反省するのです。また、他人の欠点や悪と思えることを見聞したときにも、その人の立場と心中を相手の身になって思いやるように心がけることはできます。

そういう努力を粘り強く重ねると、心づかいを広く自由にできる可能性について、多くの大切なことに気づくことができます。まず、相手の非を赦せないという心づかいで責めているよりも、一時的にでも、思いやりの心で相手を受け容れたほうが、相手の非も含めて、相手の立場や行為を公平に判断することができます。また、何よりもそのことによって、以前よりも建設的で、無理なく、自然で、自由な心の状態を直ちに体験できて、みずから精進・努力していっそう寛大な心を養いたいと、心から願うようになれます。

心をより大きく、広く、自由にすることができる

寛大な心を体得することは、すぐにできることではありませんが、寛大な心を養うことを本気でめざすことに心を定めるだけで、それまで永く、心の深いところで持ち続けてきた反抗心や憎しみなどに気づくことができ、深く反省することもでき、そのことによって、相手を赦し、受け容れることができるようになれます。特に、幼いときから重ねてきた父母への心づかいの罪に気づき、その事実を実際に一つひとつ思い起こし、それが罪であったことを認め、深く反省し、謝罪する心になって、両親に対する尊敬・感謝の心を養い深めることが、寛大な心を造る重要な第一歩となります。そのことによって、今に安心し、満足できる方向へ心を変えることができ、心をより大きく、広く、自由にすることができます。

父母をはじめ恩を受けてきた人たちに対して、自分の考えが足りなかったり誤解したりして、これまで否定的な感情を持ち続けてきていても、それでも私たちは赦され、愛され、守られ、育てられてきたのです。

廣池博士は、幼いときからご両親への孝行を尽くされましたが、「親孝心の形はあれど心到らぬところあり」（大正二年、『日記』①一六四ページ）、「予は若き時より幾分孝道を弁《わきま》えて実行せしも、今において考うればなお足らず」（昭和八年、『日記』⑤二〇ページ）、「形の上にはかつて一度も父母の命に背きしことなく、いささか安心を与えたれど、しかしときどき父母の言うこと、行うことにつきて私は心の中に不平・怨恨《えんこん》を懐《いだ》くことがありました。（中略）改めて新たに父母の大恩を思うに至った」（『論文』⑦三四四〜三四五ページ）とあるように、晩年に至るまで、幼いときからのご両親に対する心づかいを振り返り、反省を重ねられました。

三、慈悲心を養う

「最高道徳の基礎的観念の第一は正義及び慈悲」（『論文』⑦五〇ページ）にあり、「最高道徳実行の第一根本精神」（『論文』⑨二八九ページ）は、「慈悲にして寛大なるこころとなり且つ自己に反省す」（同）です。

「人間の慈悲心」（『論文』⑦八六ページ）は「最高道徳の実質の核心」（同）であり、「個人の品性を定むる標準」（同）ですから、最高道徳の修養とは、人間の心に慈悲心を養い育てることであり、心づかいの実行とは、その慈悲心を働かせることです。

惻隠の心

人間の心に養われる慈悲の種は、誰の心にもある同情心や惻隠の心です。『孟子』

廣池千九郎博士の遺墨
「慈悲寛大自己反省」

には「惻隠の心は仁の端《はじめ》なり」とありますが、廣池博士の教訓に、「惻隠は特に老人や怪我人や病人やその他の苦痛ある人に対して、その苦痛を我が事の如くに思いやる精神作用を言う。この同情心が真の慈悲心に入る門戸である」（昭和八年「第二五十鈴河畔の教訓」、『教訓抄』一二三ページ）とあります。最高道徳の慈悲心を養うためには、まず、自然に働く他者への思いやりの心を、あらゆる場合に、できるだけ多く発揮し、大切に養い育てることです。しかし、人間の同情心や思いやりの心が起こる動機は、利己的な要素を多く含んでいて、実際には相手や状況に自分の好き嫌いや利害の感情に基づく条件があって、いつでも誰に対しても無条件に働いてはいません。普通の同情心や思いやりは、結局は利己的・自己中心的に働きやすく、そのままでは最高道徳の真の慈悲心にはなりません。

廣池博士は、みずからの心の修養について、「最高道徳における重要事項の原理を理解して、自己の理性を訓練し、感情を美化せんとなしつつ、人為的に慈悲心を形造ろうとして苦心且つ努力しておる」（『論文』⑦九八ページ）と述べています。ここではまた「慈悲心の完成の困難なことを知悉《ちしつ》しておる」（同）とも述べていて、その実現の困難を知り尽くした上で、「真の慈悲心の完成」（同）を強く求める心が伝わってきます。

困難・苦心・努力と共に、その心には、人間の欲が満たされたときの一時的な喜びとは根本的に異なる、聖人が体験された質の高い「明朗清新」（『論文』①序文四二ページ）な真の喜びも実現されていました。また、その使命と喜びを、特に選ばれた自分だけのものとはせずに、「一般民衆そのものがことごとくみな最高道徳を実行して聖人のごとくにならねばならぬという時代が到達した」（『論文』⑦四七〜四八ページ）とも述べています。この言葉には、後世の私たちをも含む世界の人心へ向けた深い救済心と共に、すべての人の心にある慈悲心の種への、また、私たちの心が真の意味の進化を求めて根本から変わることができる可能性への、深い信頼と願いが込められています。

真の慈悲心

人生の中では、相手のために、善意から、善いことを善い心づかいで行っても、相手が喜ばないだけでなく、かえってそのことで非難されたり攻撃されたりすることがあります。最高道徳の慈悲は、そういうときに、相手に非があったとしても、「他の過失及び悪行を宥《ゆる》し、且ついかなる場合にもすべての責任を自己に負うて反省し、しこうして無我の至誠をもって努力する」（『論文』⑨二八九ページ）真心です。このような真の慈悲心が普通の同情や思いやりと大きく異なるのは、それが個人的な感情によるものではなく、「聖人の教えに従い、神の心を体得して慈悲となり、よく伝統に奉仕し、且つ世界の人心を開発しもしくは救済しようという偉大なる希望の上から」（同）起こっているということです。

最高道徳の実行をめざすとは、このような真の慈悲心を自身の心に実現することを本気でめざして、心の修養を重ねることです。そのための基礎として、第一に重要なことは、それに気づいていてもいなくても、そのような純粋無私の慈悲はこの世で現に生きて働いていて、自分自身が常にその働きによって守られ、育てられ、生かされている事実に気づき、慈悲を素直に受けとめ、その働きに感謝することです。

真の慈悲心は、不完全な人間を真の人間にする根本の精神です。この精神によって、誰もが真の自分と出会い、人間としての真価を発揮し、真の人間になることができます。

「精神の親」につながる

肉体の親がない人はいませんが、ただ肉体の親がいるだけで人間になった人もいません。人間の心は、人間の心を備えた「精神の親」によって育てられます。「精神の親」には、肉体の親と同じように必ずその親を育てた親がいて、遠い過去から代を重ねて真正の人間の心を伝え続けてきた、正統の「精神の親」の系列があります。

真の慈悲心の起源は、大宇宙・大自然の万物を生み出し、養育し、生かす偉大な働きです。それは世界の諸聖人の心に実現され、その精神をまっすぐに継承する「精神の親」を通して私たちの心にまで伝えられるものですから、「精神の親」を離れて自分の考えや自分の力だけで努力しても、真の慈悲心を実感することも体得することもたいへん難しいことなのです。世界の諸聖人は共通して、命をかけ生涯をかけて、人間の心に真の慈悲心を養い、すべての人を真の人間に育て上げることに全身全霊を傾けましたから、その精神と事業を受け継ぐ「精神の親」の慈悲は、人を育てる事業として形となり、発揮されています。したがって、真の慈悲心を養うために、誰もができる具体的で実際的な方法は、心を造る志を強く持ち続け、みずから求めて「精神の親」につながり、報恩の心で「精神の親」の「人の心を育てる事業」を助けることです。それならば、いつでも、どこでも、必ずその人にできること、その人でなければできないことがあります。

真の慈悲心を養う志を持ち続けるためにさまざまな工夫と努力を重ねてみて、よく分かることは、「精神の親」に安心を与える心づかいなしに、その志は持ち続けられないということです。また、慈悲心を形造る志があれば、「精神の親」の慈悲に共感することによって、今のままで、誰もが真の慈悲の働きを実感することができ、「精神の親」と喜びを共にすることによって、人の幸せを心から願い、人の幸せのために喜んで苦労ができ、人の幸せを心から喜べるような最高の喜びを知ることができるのです。

四、心を定める

『論文』第二巻第八章「最高道徳実行上の注意条件」の第八十四項に「自ら実行を期してのちにはじめて聖人を思う」（『論文』⑨三九一ページ）とあり、その説明に「単に聖人の教説・教訓もしくは事跡を聴くか、もしくは最高道徳を実行せる先輩の事跡を見聞しただけで、自ら最高道徳を実行しようとしなかったならば、聖人をはじめ、最高道徳の先輩の苦労も分からず、最高道徳の深き味わいも分からず、且つその最高道徳の実行の結果から来たる偉大なる幸福をも受くることも出来ぬ」（同三九二〜三九三ページ）とあります。ここに、特に「自ら実行してのちに」ではなく「自ら実行を期してのちに」とあることが重要です。

実行をめざす

最高道徳を知ってその実行をめざすとき、私たちは、自分自身に対しても他者に対しても、主に「実行しなければ」とか、実行できているかどうかを問うことだけに強くこだわっていて、本気でみずから最高道徳を実行しようとしているかどうかを問うことを忘れていることが多いのです。最高道徳の正しい理解と「自ら実行を期する」精神が不十分のままで、「実行しているか」「できるかできないか」にこだわっていると、目標と現実の隔たりがますます大きくなって、心づかいの根本に思いやりや温かさを欠くこととなり、より善い心づかいをめざしていながら、結局、自他を責めて、不快・不満・不安の心づかいに陥りやすいのです。

心の修養を永く粘り強く続ける上で欠かせないことは、正しい標準を持ち続けることと、道徳的な人格の感化を求め続けることです。その両方の基礎として、最も重要なものは、最高道徳の実行を本気でめざす志です。その志は、まず、最高道徳実行の困難と、自己の不完全さをありのままに十分に認め受け容れた上で、しかし、最高道徳の実行が他者のためにも自分のためにも何よりも重要事であることを自覚し、しかもそれを自分の目標にできると心から思えることによって確かなものになります。

正しい学問を基礎として心の修養を続けないと、人間は宿命的な人生観に陥って、自分の真価を見失い、修養することを止めて、頼れないものに頼って生きることになります。学問は本来、修養と一体のもので、人間に単に知識を付け加えるだけのものではなく、人間を変え、人間にその真価を発揮させて、人間をより立派にするためのものです。私がこれまで、多くの方々と共にモラロジーを学ぶ中で目の当たりにしてきたことは、モラロジーという学問は、学んだ人が学んだだけ、確実に変わるということです。モラロジーによって心づかいの重要性とその標準を学び、反省を重ね、修養を続けると、まず自分自身を根本から変えることができると心から思えるようになり、その自覚が人生に安心と希望を与え、人の心を素直にし、元気にして、それが最高道徳の実行を本気でめざす志となります。

最高道徳の実行をめざすとは

私たち人間は、日々、知らず知らずのうちに、道徳的な修養をせずして結果だけを求める「うまい話」を求めて生きています。モラロジーが明らかにした確かな事実は、この世にそういう「うまい話」は存在しないということです。人間実生活、人間実社会の根本は道徳にあり、特に最高道徳の実行を累積することによって養われる品性にあって、いかなるときにも人間が真に頼れるものは品性だけです。モラロジーによって心が開発されるということは、最高道徳実行の必要性と可能性とを知って、最高道徳の実行を本気でめざす心になることです。それは、いつ、いかなるとき、いかなる場合にも、「うまい話」を求めることは一切止めて、最高道徳の修養に徹することに心を定めることです。それだけですぐに実行ができるようになるわけではありませんが、その心が定まるだけで、日々の生活の中で起こること、出遭うことで、最高道徳の実行と無関係のことは何もないと思えるようになり、いかなることにも、道徳を実行して品性を高めるために恵まれた機会としての意味が生じます。

最高道徳の主眼は心づかいですから、最高道徳の実行は、いかなるときにも、まず心を整え、心づかいの標準を立て直すことから始まります。そこから始めても、実行の過程では、心の標準はすぐに利己的・自己中心的に流れますが、それでも、大事にも小事にも、そのたびごとに、まず最高道徳の実行を本気でめざす志を造り直し、心づかいの標準を立て直すことを粘り強く繰り返し積み重ねることが、最高道徳の心の修養です。

行為の形と精神作用

人間の行為の形は精神作用の表れですから、まず精神を造ることが本ですが、一方で、心の修養のためには、「形が心を造る」ということも重要です。心を造るために、行為の形式を尊重し、形を正すことに努めてみて、あらためて今の自身の日常の行動を振り返ると、善いと分かっていて、しかもその気になればできるのに実行していないことがたくさんあることが分かります。また、善くないと分かっていて、その気になれば止められるのに行い続けていることも多いのです。最高道徳の実行も、まずそういう日常の行為の形を一つひとつ改めることから始まります。

『論文』第一巻第十四章第三項は、「最高道徳は従来の因襲的道徳実行の上にこれを実行すべき性質のものなることを述ぶ」（『論文』⑦一八〜四三ページ）で、まず礼儀・作法など日常の行為を正すことが最高道徳の実行上重要であることが、食事・入浴・貸借などの作法のことまで、多くの具体的な例を挙げて懇切に説明されています。まず、できることから日常の行為の形を正し、その行為の動機・目的と方法に伴う心づかいを、最高道徳の標準に照らして一つひとつ改める工夫と精進を粘り強く重ねることです。

廣池博士はお若いときから、人生の方向を決める重要なとき、特に困難のときには、必ず自宅の神棚や神社の神前で重要なお誓いをされ、その後、その内容を忘れずに守り続けられました。

廣池博士の生き方から私たち誰もが学べることは、その標準と実行の模範を示し、遺された最高道徳の心づかいです。行為の形は真似できないことが多いのですが、常に最高道徳の標準に照らして反省を重ね、最高道徳の実行を本気でめざし続けられた心づかいについては、その気になれば、真似ができないことは何もないのです。

五、人の親となる

私たちが生きる意味も幸せも、まず第一に、人間であること、特に人間の心に恵まれていることの中にあります。人間の心は、誕生してから後に「精神の親」の教育によって養われ、育てられるものですから、人間が行うことができる最大・最高の善事は、みずから人の「精神の親」となり、人間の心を養い育て、人を真の人間に育て上げることにあります。また、それをめざすことを心に定めれば、人間が行う善事で、これと無関係のことは何もありません。

父母の心

『論文』第二巻第四章「最高道徳実行の第二根本精神」の第一項は、「父母の心をもって人類を愛す」（『論文』⑨二九一ページ）で、「最高道徳を聴き、進んでそれを実行せんとする人は、みな父母の心にならねばならぬのであります。自分より目下のものに対してはもちろん、目上のものに対しても、自分がその人々の親の心になって、その人々を愛せねばなりませぬ」（同）と説明されています。最高道徳の実行は、親や師などの目上の人に対しても、相手の父母の心になって人を尊重し、愛する心づかいをめざすことです。

「父母の心」は、実際に自分が親になってはじめて気づけることが多いのですが、「父母の心」の恩恵をまったく受けずに人間になれた人はありませんから、それは誰もが理解し、実感できる心の働きです。実際に親となって、思わず知らず、わが子に向けて働く無私の心によって、「父母の心」の理解と実感が深まることは、子供を育てる親の誰もが体験することです。

人を育てる「父母の心」は、必ず三つの要素を備えています。その第一は、まったく条件も要求もない純粋の犠牲です。出産のとき、母親は生まれてくる子供だけのために命をかけ、すべてを犠牲にしてわが子の無事の誕生のために献身するのです。また、特に幼いときには、父母の犠牲によって子供は安全・無事に養育されていることはよく分かりますが、実際には、成人してからも親子の関係は変わるものではなく、いくつになっても、子供は変わらぬ「父母の心」によって養われ、育てられ続けています。

「父母の心」の要素の第二は、真実の深い思いやりです。苦しんでいる人や困っている人に同情し、共感して、その苦しみや困難を自分のことのように思いやる心は誰もが備えているものですが、親の子に対する心づかいは、普通一般の思いやりを超えて、心に粘りついて片時も心を離れることがないような格別に篤《あつ》く深い慈愛です。言葉を話せない幼児が泣いているだけでも、母親はわが子が求めていることにほとんど応えることができるのは、親としての格別に篤く深い思いやりによるものです。

第三は、犠牲と思いやりの根本にある深い願いと祈りです。子供もときには親の身の上を思いますが、何があってもいつも子供のことが親の心を離れることはありません。この深い願いと祈りによって、子供は離れていても常に「父母の心」に守られています。このような深い願いと祈りがあれば、人を育てる思いやりと犠牲の心づかいと行いは、その気になれば、誰もがいつでもどこでも、いかなる状況のときにも発揮できます。

育てる人を育てる

「父母の心」の種は誰の心にもありますが、みずからその高い価値に気づき、絶えず粘り強く育てる修養を続けなければ、それは種のままで、「父母の心」に成長し、発達することはありません。その修養の第一歩は、これまでに自分自身が受けてきた、また、今も恵まれ続けている「父母の心」の存在を深く認識し、まっすぐに受けとめて感謝する心を養うことです。その感謝によって、みずからの「父母の心」の種が芽を出し、人を育てる真心が引き出されます。

「父母の心」も、常にその標準を正しつつ、みずからできるだけ多く発揮することによって養われ、より大きく確かなものになります。そのために、廣池博士は求めて人を助け育てる立場、また、その真心を発揮しなければならない立場に、みずからの身を置く工夫と努力も重ねられました。そして、これまで最高道徳の実行をめざして修養を重ねられた多くの先人・先輩のどなたもが、廣池博士の感化をいただかれて、求めて人のお世話をする立場に身を置き、進んで喜んで人を育てるための苦労をされてきました。

「父母の心」の起源は、肉親のわが子へ向けて発揮される心づかいですが、その働きは、決して親子の間の私情の範囲だけに止まるものではありません。子を育てることは、次の世代の親を育てることであり、代を重ねて永続してきた「父母の心」を受け継ぎ、永続を期して「育てる人を育てる」ことに、その最も重要な意義があります。最高道徳の「父母の心」は、私情を超えて、みずから「精神の親」となり、「精神の子供」を真の人間に育て上げる心です。

いつでもどこでも

廣池千九郎博士が「モラロジーの建設」（『論文』①序文九五ページ）を思い立たれたときの「全世界の人類の精神を根本的かつ合理的に開発して、これに安心及び幸福を与えたい」（「略説明」、『回顧録』一二九ページ）という心境は、まさに「父母の心をもって人類を愛す」る心づかいです。

廣池博士は大正四年（一九一五）より、モラロジーの研究に「いよいよもっぱら」（『論文』①序文九五ページ）専念され、『道徳科学の論文』の執筆に精魂を込めて力を注がれるようになりましたが、その間にも、多くの身近な人たちに、実の親も及ばないような深く行き届いた思いやりの心を向けて、親身のお世話をされました。廣池博士にとっては、人を真に助けるための研究をして『論文』を執筆することと、実際に身近な人たちのお世話をされ、人を救い、社会を改善し、人類の安心・平和・幸福を増進する心づかい・行動とは、切り離すことができない一つのことでした。身近な人たち一人ひとりに発揮された「父母の心」は、私情によるものではなく、「世界の人心を開発しもしくは救済しようという偉大なる希望の上から、他人を愛」（『論文』⑨二八九ページ）する心づかいでした。

この最高道徳の「父母の心」も、わが心に実現することを本気でめざす志を定めれば、いつでもどこでも、誰もが廣池千九郎博士の実行を真似て体験できることです。

六、「大恩」に報いる

人は誰も、本当は今の生き方に満足できていないところがあって、本心では、今より善く、今より正しく、今より強く生きることを望んでいます。しかも、誰にも本来その力は与えられているにもかかわらず、私たちは自分の好みや自分だけの利益にとらわれて、みずからの内に秘められた人間としての真価に気づこうともせずに日々を過ごしています。

真価を発揮するために

人間がその真価を発揮して、正しく、善く、強く生きる力の淵源は、自分だけではなく、万物を生み出し、養育し、生かしている大宇宙・大自然の働きです。求めてみずからその働きに信頼し、順応し、同化する生き方をめざすことによって、誰もが各自の人間としての真価を発揮して生きることができます。

私たちは誰もが、それに気づいていても、いなくても、常に限りなく多くの恩恵を受けて生きています。一人ひとりが大宇宙・大自然の働きによって、外の環境から、また、内の心身の働きにおいても、常に守られ、育てられ、生かされています。そのような大自然の働きから直接に一方的に受けている恩恵は、人間以外の生物が受けているものとほとんど同じです。しかし、人間の生存・発達・安心・平和・幸福の実質・内容は、ほかの生物のそれに比べて、その質において根本的な違いがあります。その違いは、恩恵を本能的・一方的に受けるだけでなく、みずからの意志によってその働きに順応し同化して、万物を生み出し、養育し、生かす根本の働きを助けることができることにあります。その違いの中に、人間としての生きる意味や安心・幸福があり、人間としての真価があります。

人類一般の生き方が今のままでは不完全で、その真価が発揮できていないことについて、『論文』には「その観念は孤立で、その行為は、たとい千万人一つになって働いておっても、大自然の法則から見れば各自みな孤立しておる」（『論文』⑦四二〇ページ）、「すべて人間の利己心に基づくところの行動はみな孤立的」（同）で、「現代の世界は人類孤立の原始時代の延長にして、その文明的民族といえどもいまだ真の社会的組織を成し遂げておるものといい得ぬ」（同二七七ページ）などの記述があります。また、特に精神的なつながりの不完全について、「その生理的連絡はあるも、心理的連絡がない」（同三八三ページ）とも記されています。

科学的な研究により、今地球上に住むあらゆる生物は、三十数億年前に誕生した最初の生命の子孫であり、同じ祖先から生まれた「きょうだい」であることが明らかになりました。また、生物の体は絶えず代謝しますから、私たちの体を構成している物質のほとんどは一年くらいのうちに入れ替わり、新しい物質で構成されます。生命体は、物質としては一定のものではなく、体を構成する物質は、すべての生命体の間を循環し、共有・共用しているのです。つまり「生理的」には、いかなる個体も孤立しているものはなく、時間的にも空間的にも広く深く連絡し合い、互いに助け合いつつ、全体が一つの生命体として生存・発達しているのです。

しかし「心理的」には、人類はいまだ一人ひとりが狭い利己心に強く支配され、法則に順応・同化できていなくて、互いの連帯が不十分なままで、各自が精神的には孤立し、互いに対立・抗争している状態にあります。そのために、私たちはみずからその生存・発達を危うくする原因を造っていて、それが人間実生活・人間実社会の不安・不和・不幸の根本の原因となっています。

それは同時に、人類には今の考え方・生き方を変えて、みずから法則に従い、その「生理的連絡」と同じように「心理的連絡」を築き、増進し、より全体と調和して、より安全・安心・自由に生きる道を拓くことに大きな可能性が残されていることを意味しています。「精神の力はある意味からいえば無限」(『論文』⑧三〇〇ページ)であるのです。

人間精神には、ほかの生物にはない大きな自由と可能性が与えられていて、聖人のような人から、ほかの生物がその本能だけからは決して行うことがないような非道・残酷なことをする人までも出現しています。特に人間には、どの道をみずから選び進むかの自由と可能性が、誰にも与えられているのです。

根本につながって生きる

人間として生きて生活する上では、自分の知らないことや予測できないことが多く、常に危険と隣り合わせで危ういものです。それでも今、現に私たちが人間として生きて生活できているのは、一人ひとりを守り、育て、生かそうとする行き届いた働きがあるからです。その働きの根本は大宇宙・大自然の働きですが、私たちは、直接には根本の法則に従い、その働きを助けてきた特別の恩人たちの道徳的努力によって守られ、養育され、生かされています。

一人ひとりの命と心は、誕生したときから始まったものではなく、遠い過去からこれまで一度も途切れることなく永続してきた、特別の恩人の系列による道徳的努力の累積の結果です。モラロジーでは、このような特別の恩人の系列を「伝統」と呼びます。それは「人類の肉体的及び精神的生活を創造し、もしくは進化せしむるところの純粋正統の系列」（『論文』⑦二六一ページ）であり、万物を生成化育する働きを代を重ね、一貫して助け続けてきた、人類共通の恩人の系列です。

伝統から受けている格別な「大恩」を知り、深く実感し、この「大恩」に報いる心づかいと行いとによって、私たちは、万物を生成化育する根本の働きにみずからつながり、その働きを助けることができ、自分だけでなく人類の生存・発達・安心・平和・幸福の根本を培うことができます。伝統は人間存在の根本ですから、ひとたびその大恩に目覚め、感謝と報恩の心によって伝統につながり、その恩に報いるために生きることをめざすと、心に確かな標準と真の安心を得ることができます。

七、今日から始める

私たちのいかなる行為にも、必ず動機と目的とがあります。しかし、日常の行為の中で、その動機・目的の心づかいに特別の注意を払い、意識し、自覚していることは少ないものです。あらためて日常の行為を振り返ってみると、特に意識して道徳的な行為をめざしているときでも、動機・目的の心づかいを正すことよりも、主に行為の形式に心が向いています。

最高道徳実行の動機と目的

『論文』には、「最高道徳の原則」（『論文』⑦二三ページ）として「第一に、従来の因襲的道徳実行の動機・目的及び方法の根本を最高道徳的に変ずること」（同）とあります。また、第一巻第二章には、「道徳実行上の諸条件」（『論文』①九三ページ）として九つの条件が挙げられています。その第一が「動機」で、それは「道徳を行う精神上の原動力を指すのです。人間の行為が道徳的であるか、不道徳的であるかは、この動機のいかんにあるので、最も大切なもの」（同九四ページ）であり、第二の「目的」は、「道徳を行う精神上の帰着点ですから、動機と相並んでこの目的が人間の行為の善・不善を決する標準になる」（同）と記されています。

最高道徳は「自己の最高の品性を形成せんとする動機及び目的から出発しておる」（『論文』⑦四ページ）のであり、「しかもそのいわゆる道徳実行の動機及び目的は、自己の過去における過失及び罪悪の解脱に存在しておるのであります。すなわち自己の道徳の実行、換言すれば、自己の道徳的生活は全く自己の過去における贖罪のために働くという聖人の教えに基づけるもの」（同）なのです。

私たちの日常の行為の動機・目的の心づかいは、道徳的であると思っていることでも、根本は、自分の好悪や利害に支配されているものです。相手に対する純粋の善意からと思って行う行為でも、その行為が相手に喜ばれなかったり他から非難されたりすると、直ちに不快・不満の感情や他者を責める心が起こります。それは、その行為の動機・目的の心づかいに、思いやりだけではなく、行為の結果として他に何かを要求する心が含まれていたことを意味しています。好悪や利害の感情にも、人と場合とによって道徳的に大きな違いがありますが、善いと思っている行為でも、その動機・目的の心づかいの根本が自己本位の好みや利益のままでは、最高道徳にはなりません。

最高道徳実行の原動力である動機は贖罪であり、精神上の帰着点である目的は自己の最高品性を形成することにあります。したがって、その心づかいが行為に対する報酬を求めることはないのです。

最善・最強の心づかい

最高道徳の実行を本気でめざすことを心に決めて、誰もがすぐにできることは、これまでの自己のあらゆる行為の根本にある目的の心づかいを、最高道徳の標準に照らして見直すことです。それができれば、これまで道徳的であると思ってきた行為についても、その根本は、自己本位の好みと利益によっていたことに気づけます。それは、これまでの自他のあらゆる行為とその結果の価値を、結局は、自己本位の好みと利益を標準に判断してきたということです。その目的の心づかいを一つひとつ改める修養に着手して、意識して自己の品性完成を目的にものごとに取り組んでみると、それだけで、一つひとつの行為とその結果の意味と味わいがまったく違うものとなります。

私たちは普段、自分の生命・財産・自由は自分の所有であると思い、それらは当然自分の思い通りに使えるはずだと思って生活しています。しかし実際には、自分のものと思っているものすべてが、なかなか自分の思い通りにはなりません。思うことが思うようにならないことで、常に争い、悩み、苦しんでいるのが私たちの日常です。しかし、落ち着いてよく考えてみると、自分のものと思っているもののほとんどすべてが、特に重要なものほど、自分自身の義務遂行によって発生したものではありません。

誰もが常に大小の何かに悩み、何かに苦しんでいます。私たちは、本当は自分のものでないものを自分のものと思い、思うようにならないことを思うようにしようとしていることから、争い・悩み・苦しみの原因をみずから造っています。

最高道徳実行の動機の心づかいである贖罪の観念は、大恩への報恩の観念と一体のもので、この贖罪・報恩の観念はまったく利己的でなく、報酬を要求する心づかいにはなりません。「要求する心」が、「思うことが思うようにならない」悩み・苦しみの根本の原因なのです。

いかなる困難の中でも決して挫折することなく、人間らしく、正しく、善く、強く生き続けるための最強の動機が、義務先行・贖罪・報恩の心づかいなのです。動機・目的の根本を改める心づかいの修養も、その気になれば、今のままで、日々の一つひとつの行為について、今日から始めることができます。

第七章　廣池千九郎博士の生き方に学ぶ

昭和十三年（一九三八）五月十四日、逝去される二十日前に、廣池千九郎博士は精神伝統についての重要教訓を発せられ、その中で、伝統の原理についての三つの標準を示されました。門人への遺言とも言えるこの教訓で、特に「モラロジーの実質たる伝統の原理なるものは、第一は、モラロジーの創立者たる予の積年の実行そのものである」（『教訓抄』七五〜七六ページ）とまで述べておられます。

廣池博士は精神の親として、後世に至るまで、精神の子供たちが正しくモラロジーを学び、誤りなく最高道徳が実行できるように、『道徳科学の論文』や多くの教訓・訓示などを著されただけでなく、みずから最高道徳実行の模範を遺され、それが正しく伝わるように、大切なことはみずから書き残されました。モラロジーの生命は、その創建者である廣池千九郎博士の実行にあります。

一、全生涯から学ぶ

モラロジーを学ぶ人は、誰もが人としての廣池博士に強い関心がありますから、その事跡はこれまでたいへん多くの人たちによって調べられ、研究されてきたと言えます。重要な事跡について、今も正しく知ることができるのは、廣池博士ご自身が、みずからの最高道徳実行の事跡を、また、最高道徳実行につながる前半生の重要な事跡についても、言葉にして残されたからです。特に重要な事跡は、そのことの何年後・何十年後にも、道を求める人たちのために書き残されました。後々に至るほど、廣池博士の最高道徳実行の事跡の正しい事実を求める人が多く出現することを、誰よりもご自身がよく分かっておられました。その重要な事跡は、『論文』にも多く記述されています。

全生涯に一貫するものから学ぶ

廣池博士ご自身が、後世の門人の求めに応えるために特に言葉にして残されたのは、主に後半生の最高道徳実行の事跡です。お話しになったり書き残されたりしただけでなく、最晩年の特に大切なときには、身近な門人の方々に「よく見ておけ」と言われたこともあったと聞いています。モラロジーを学び、最高道徳の実行をめざす上では、廣池博士ご自身が正しく遺し、正しく伝えようとされた事跡が特に重要です。

しかし『伝記　廣池千九郎』によって廣池博士の全生涯をあらためて学んでみると、

廣池千九郎博士の生家（大分県中津市）

結果として、廣池博士の全生涯に無駄なことはまったくなく、少年のころから実行され、体験されたことのすべてがまっすぐにモラロジーの研究と最高道徳の実行につながっています。平成十三年（二〇〇一）に『伝記』が発刊されるまでは、一つひとつの重要な事跡について知ることはできても、その全生涯を知ることはたいへん難しいことでした。『廣池千九郎日記』は、時代によって記述の量が偏っていますし、何年もまったく記述がない時期もあります。『伝記』の発刊は、特に永く熱心にモラロジーを学んできた人たちにとって格別の意義あることでした。

通常の私たちの生活では、その生き方に最高道徳の要素はきわめて少なく、普通道徳と不道徳の間で生きています。その状態から最高道徳実行の必要性を知って、その実行を本気でめざし、実行を試みるに至るには、それまでの過程において生き方として何を大切にするかが重要です。『伝記』によって廣池博士の全生涯を学んで、気づくことは、みずからが実行を本気でめざすに至るために、また、これからの人たちを助かる道に導く上で、最高道徳の必要を自覚するに至るまでの過程で何を大切にすべきかについて、前半生を含む廣池博士の全生涯に一貫するものから学べることがたいへん多いということです。

廣池千九郎博士の志

私の父母は若いときに廣池博士との出会いに恵まれ、それから博士が逝去されるまで、身近に置いていただいて、直接ご指導をいただき、お世話になりました。私が生まれたのは、廣池博士が逝去された翌年でしたが、幼いときから父母が毎日、心から尊敬し感謝している廣池博士のことを、何かにつけて「大先生《おお》は」と言って話して聴かせてくれました。その当時、廣池博士から直接の薫陶を受けた先輩の方々は、廣池博士を「大先生」と呼んでおられました。私の父母も、敬愛と親しみを込めて、私たち子供に「大先生」がなさったこと、そのお人柄・偉大なご人格を伝えてくれたのです。父母の「大先生」への傾倒は、子供心にも純粋で美しいものとして伝わり、小さいときからそのことを羨《うらや》ましくも感じていました。これまでの自分自身を振り返ると、父母がことあるごとに廣池博士の教えと実際になさったことを話してくれたことが、まことにありがたく、その後の私の人生にとってたいへん重要なことでした。

私が中学生になったときに、父親が「大先生は十四歳のときに小学校の先生になられた」と話してくれました。そのときに、廣池博士は十四歳のときからたいへん立派な先生であったこと、また、世のため人のためにという高い志を持って勉学に励まれ、ご両親に孝行を尽くされ、人に対して思いやり深く、人としてたいへん立派な生き方をしておられたことなどを話してくれたことが、永く私の心に残りました。

廣池博士は幼いときからの家庭の教育により、人より勤勉で正直で真面目で善行も積んでおられましたので、自分自身の力には強い自信もお持ちでした。しかし、誕生以来のご自身のことを記された「初忘録」をはじめとする日記類を読むと、少年のときから、自己の利益や成功のために力を養うというお考えは少なく、はじめから「世を益する」（『日記』①二九ページ）ためにという高い志が基礎となっていることが分かります。

人は誰も自己本位・自己中心の傾向が強く、それが人間の本質であるように思い違いをしやすいものですが、一方で、利己的な欲だけで生きる意味を見出し、生きる喜びを知る人はいません。本当は、人間は自分だけのために生きることはできません。生きる意味と喜びは、人を幸せにする真に有益なことの中にあります。特に人間の真価は、大宇宙・大自然の中での自己の役割・使命にあり、誰にも利己的な欲を超えた本心の本心があって、それは「私」よりも「公」のために自己の力を生かし、自己の力を出しきることを望んでいます。廣池博士の勤勉・正直・真面目・善行の動機は、少年のときより「私」の夢のためでなく、本心の本心からの「公」のための志であったのです。

中学生になったときに父親が話してくれたことから、そのときの私と同じ年齢の廣池博士の志が私の心に伝わって、私の心に変化が起こり、「欲に負けて生きることはしたくない。いつも強い利己的な欲が働くけれども、それは自分の本心ではなく、本心の願いは廣池博士のような高い志にある」と思えたことが、その後の私の人生を大きく方向づけていたことに、後になって気づきました。

最善・最高の志

廣池博士は、十七歳のとき、小川含章《おがわがんしょう》先生の「麗澤館」で学ばれ、そのときに作られた漢詩文が約八十点残されています。その中の「立志説」と題された文章に、「凡《およ》そ人にしてまず定むべきもの、これを志という。（中略）志立てばすなわち何事か成らざらん」（意訳は『伝記』六四ページ参照）とありますが、高い志を立ててそれを守り続けられたことは、廣池博士の生涯を貫いています。その志の内容は、その後、進化・発展し続け、最高品性を目的に最高道徳の実行をめざし、また、永続を期して「モラロジーの建設」という事業に着手されることとなりました。品性完成を目的に最高道徳の実行をめざすことは、人間として定めることができる最善・最高の志です。

最高道徳の実行を本気でめざす志は、その準備もなく急に定めることができるものではありません。廣池博士もはじめからその志を立てられたわけではなく、お若いときから常に世のため人のためにという高い志があり、そのためにいちばん大切と判断されたことに力を尽くす努力を重ね続けた結果が、最高道徳の実行となり、モラロジーの建設となったのです。

廣池博士の遺稿に「自己を愛せざるもの、いかでか他に向かって道徳を行うべきや。出世向上を望まざる人、恬淡《てんたん》の人またしかり」（『語録』二一六ページ）とあります。自分の生き方として最高道徳の必要を自覚してその実行を本気でめざすに至るためには、その前提として、それまでに、どのようなことでも公のために有益なことに貢献する志を立て、そのときの自分にできることで志の実現のため努力して、心を養い育てる過程が必要です。それは多くの立派な先人たちがされたように、少年のときからでもできることであり、また、その必要を知れば、何歳になってからでも、いつからでも、心を定めたそのときからできることです。廣池博士はこのことを、その全生涯によって、誰の心にも伝わるように明らかにされました。

最高道徳実行の種

最高道徳実行の基礎的観念・基礎的事項である正義・慈悲・義務先行・自我没却・自己反省・伝統尊重・人心開発救済などの種と予備行為が、廣池博士のお若いときの生き方の中にあります。志だけでなく、その基礎となる、少年のころからの弱い人・

苦しんでいる人たちへの深い思いやり、常にものごとの根本を求め、感謝・報恩の心で根本につながり、出遭う問題の根本的解決を図る生き方、志を実現するために師を求める熱意、ご両親への深い思い、ご両親の心を大切にされ、その心に従おうとされる親孝行などは、最高道徳の実行を本気でめざすために、誰もが若いときからでも見習い、真似ることができることです。

また、後半生における最高道徳実行のご事跡も、特にその心づかいにつながる若いときからのご実行を知ると、より深く理解し、実感することができます。

『論文』に記述されている最高道徳を、実行につながるように正しく理解し実感するためには、後半生だけでなく、前半生を含む廣池博士の全生涯を学ぶことがたいへん重要です。『伝記』の発刊後、特にそれまで永くモラロジーを学び続けてきた方々の多くが、あらためてそれまでに学んできたことの意義に気づかれたのです。

二、最高道徳の心づかい

モラロジーの内容は最高道徳であり、最高道徳の主眼はその心づかいにあります。

廣池博士が人を真に幸せにするために、心を尽くして後世にまで正しく伝えようとされたことの中で、いちばん大切なものは、最高道徳の心づかいです。

真原因

昭和十年十一月二十八日に、廣池博士は、多くの門人の方々と共に、道徳科学専攻塾開設後第一回の祖先祭を大講堂で挙行されました。このときの記念講演で、中津で過ごされた時代からのご自身の生涯について、モラロジーに道を求める人たちにとってたいへん重要なお話をされました。その冒頭で、「モラロジー団体は成立以来だんだん大きくなり、今や学校もでき上がった。しかし、こうなった原因は、モラロジーの研究をやったり、また講演や講習会を開いたからではない。これは形式的な原因で、今日になるには、別に真原因があったのである。もし形式的な原因によって発展してきたものなら、その団体は消えてなくなってしまうはずである。それでは万世に続き、伝わっていかない」（「余の歩みこし道」、『回顧録』一五九ページ）と述べられました。この祖先祭が、現在もモラロジー研究所・廣池学園で毎年六月に開催されている「伝統の日」の諸行事の起源です。

このとき祖先祭に出席された門人の方々は、どなたもが、専攻塾の開塾を待ち望んでいた人たちであり、それまでの廣池博士のご苦労をよく知っておられて、モラロジー団体が成立し、学校が開かれたのはそのおかげであると思い、感謝しておられました。この講演で、廣池博士は、多くの門人の方々が思っていた廣池博士の「ご苦労」は「形式的な原因」であり、別に「真原因」あったとされ、その「真原因」によってのみ団体も学校も永続できるものであることを、最初に述べられたのです。

講演では、ここに至るまでの研究・教育活動のご苦労についてお話しになり、また、ご両親に尽くされた孝行のご実行についても述べておられます。私たちは普通、廣池博士の「ご苦労」として誠実・勤勉・辛苦のお姿を思いますが、この講演でそういう目に見えるご苦労の形についても詳しくお話しになったのは、そのような誰もが心に浮かべる苦労とは違う「真原因」を、門人の方々の心に伝えるためであったのです。

毎年の祖先祭・伝統祭での記念講演の内容は、その後もいつも伝統の大恩と伝統報恩にかかわることですが、この特別の年に、廣池博士は、精神の親としての精神の子供たちへの深い思いやりと、モラロジーの事業とモラロジー団体の将来のために、特にモラロジーの精神伝統についてお話しになったのです。この講演の最後には、特にご自身の人心開発救済のご実行についてお話をされ、そのときの「最高道徳の修養を加えてできてきた」(同一七一ページ)、「慈悲至誠の精神」(同一七二ページ)、「世界人類のためという犠牲の精神」(同一七三ページ) などの言葉で表現された最高道徳の心づかいこそが「真原因」であることをお話しになりました。それはまさに、個人的・感情的な思いやりを超えて「世界の人心を開発しもしくは救済しようという偉大なる希望の上から、他人を愛し、他の過失及び悪行を宥し、且ついかなる場合にもすべての責任を自己に負うて反省し、しこうして無我の至誠をもって努力する」(『論文』⑨二八九ページ) 心づかいです。

偉大な結果を生む偉大な原因は、目に見える行為の形式ではなくて、その淵源である純粋無私の最高道徳の心づかいであることを、ご自身の実行により明らかにされ、門人の方々の心に伝えられたのです。

祈り

人を幸せにする道徳を実行するためには、人の幸せを願う心を養う必要があります。自分と合う、好きな人の幸せを願う心は自然に働きますが、嫌いな人の幸せを願うことは自然にはできていないのが普通です。人を真に幸せにする道徳を実行するには、好きになれないと思っている人をも大切にして、その幸せを願う心を養う必要があります。

廣池博士は、大正時代に心づかいの反省を重ねて心の修養をされたときのことを、『日記』に特に詳しく記録されました。その中に「人様可愛いの心」（『日記』①二三二ページ）という言葉があり、廣池博士も人の幸せを願う心を造る修養の中で、誰に対しても、その人をかわいいと思って心から大切にできる心になろうと努力しておられたことが窺えます。『論文』に、「最高道徳における神を礼拝する方法」（『論文』⑦二五一ページ）を説明される中で、ご自身の祈りについて「私のごときは年来、常に諸伝統の主体及び先輩に対し、自己の精神的子供に対し、且つ一般の人々に対して、その安全と幸福とを祈るほか、自分のことを祈ったことはありませぬ。ただ自分としては慈悲の足らぬことを懺悔するのみであります」（同二五四ページ）と述べておられます。このように、常に心づかいの反省を重ねつつ、たいへん多くの人たちの安全と幸福を祈っておられたのです。また、祈りの対象となっている人のために、必ず何かの形で犠牲を払われました。

私たちは、人の幸せのために何かをしようという思いはあっても、直接すぐにはできないことが多いものです。しかし祈ることは、誰もが、いつでも、どこでも、どのような状況の中ででもできることです。人の幸せを祈る心を養う修養では、特に嫌ってきた人に対する心づかいを変えることが重要です。心があれば、好きになれない人の幸せも願い、祈ることはできます。何かの理由で嫌ってきた人をすぐに好きになることはできないにしても、心の修養のために、その人に対して嫌う心を向けてきたことを反省し、謝罪する心になれば、それまでよりはその人を、心づかいの上でも行為の形でも大切にすることができるようになります。そこまでできれば、多くの場合、その人を嫌っていた理由が一方的で不合理なものであったことに気づけます。

人の幸せを祈ることを心がけて続けることは、人の幸せを願い、人の幸せを喜ぶ心を養う上でたいへん有効です。また、それだけではなく、なぜそうなるかは説明できないことですが、心を込めて祈ると、祈りと関係があると考えられる、思わぬ効果が、思わぬところでも現れることがあります。そういうことは、他者の立場からは思い違い・思い込みとも言えますが、心からの祈りを続けている人は誰もが体験し、実感していることです。そのような体験は、廣池博士が「天地を感動さする」（同一一二ページ）とも表現されたような偉大な精神の働きを理解し、実感することにもつながります。

人の幸せを祈るときにも、具体的な祈りの内容によって普通道徳と最高道徳の違いがあります。病や事故など特別のことがあれば、その回復・改善を祈ることが、その人の幸せを祈ることになります。しかし、そのような場合でも、回復・改善だけでその人が真に幸せになるとは限りません。自分の標準で人の幸せを祈ることも道徳であり、善いことですが、それだけでは真の幸せを祈っていることにはなりません。

廣池博士は昭和十三年四月十七日の早朝に、谷川で、精神の子供である全国の門人に向けた辞世として、「とこしべに　我《わが》たましひは　茲《ここ》に生きて　御教《みおしえ》守る人々の生れ更《かわ》るを祈り申さむ　モラロジーの父」（『伝記』七〇三、七一五ページ）の書を遺されました。精神の親としての廣池千九郎博士の祈りは、精神の子供たちの更生であり、利己的な自己中心・自己本位の生き方を根本的に改めて、精神的に生まれ更わり、最高道徳を自分の生き方としてその実行を本気でめざす道に進むことです。

廣池博士はたいへん多くの人たちから助けを求められ、相談も受け、具体的な指導もされましたが、常に一人ひとりの病や問題の回復・改善を心を込めて祈られました。

その祈りの主眼は、その人が病や問題の回復・改善によって更生の道に登ることであり、その人自身が最高道徳を実行して、人を助け、人を育てて神・諸聖人の目的を助ける道に進み、真に幸せになることです。

更生の道に登ることこそが、人が真に幸せになる唯一の道ですから、最高道徳の祈りは、どのような祈りも、そのめざすところは常に精神の親の祈りである更生への祈りであるのです。

慈悲

最高道徳の心づかいは、人の心に安心・満足・喜びを与えます。その安心・満足・喜びにも道徳的な質の違いがあって、廣池博士の慈悲を受けた人たちの心に現出した安心・満足・喜びは、誰もがそれまでに経験し、実感していたものとはまったく違うものでした。

人間は思うことが思うようになり、欲が満たされるだけでも安心し、満足し、喜べますが、それは一時的なもので、そのことによって道徳心が引き出され、道徳的に生きることにつながるとは限りません。それだけでは、人は真に幸せになることはできないということです。仏教では慈悲を「抜苦与楽」と説明されます。苦しみを取り去り、喜びを与えるということですが、何をどのように苦しみ、何をどのように喜ぶかも、人により状況によりさまざまです。廣池博士の慈悲をいただかれた人たちは、欲が満たされて安心し、満足し、喜ばれたわけではなく、何よりも道徳的な感化を受けて、素直な心となり、人間としての真価である道徳心が引き出されて、真の自分に出会い、「真に意味ある生きる道」に目が開かれたことにより、安心・満足・喜びを得たのです。

私の父母も、そうした多くの門人の方々と同じように、実際に廣池博士から格別に行き届いた、実の父母も及ばないような細やかなお世話とご指導をいただきました。父も母も、廣池博士が、昭和六年五月に「栃尾又《とちおまた》の大患」と呼ばれる大病をされる前に、それぞれ出会いに恵まれ、その後間もないときから身近にお呼びをいただき、直接にお世話になり、お手伝いもさせていただき、ご指導がいただけることとなりました。廣池博士はそれぞれの両親・家族のこともよく知っていてくださり、結婚のお世話までしていただきました。

私はそのころのことの多くを、小さいときから父母より聴いていましたので、その後、廣池博士の事跡を学ぶようになって、父母が出会いに恵まれ、身近でお世話になっていたときが、廣池博士のご生涯の中でどのようなときで、何をしておられたときかを知って、たいへん驚きました。

父母が出会いに恵まれるまでに、廣池博士は『道徳科学の論文』の初版を「試験的」に出版しておられましたが、正式には、まず英文で発刊し、ご自身で欧米に出向かれて、世界の最高識者にみずから直接モラロジーを紹介し、意見を求めるとともに、『論文』によって世界大戦の防止や世界平和の実現について討議されるご計画で、その準備も進めておられました。それが昭和六年五月に、栃尾又温泉で死をも覚悟されるような重い病に罹《かか》られ、このときに欧米に出向かれる計画は延期され、「神様に御願い」（『日記』④一二六ページ）をされて、その後のモラロジーの活動と団体の確立につながる重大なご決意をされました。今、モラロジーを学ぶ私たちが、現在のような形で廣池博士につながり、モラロジーを学ぶことができるのは、このときのご決意とその後のご尽力があったからです。

廣池博士は重い病を純粋無私の人心救済の真心によって乗り越えられました。その後迅速に、「モラロジーの建設」という大事業の基礎を確立するために、日本国内の心ある人たちに最高道徳の真精神を伝えることと、後々まで求める人たちがモラロジーを正しく学べるように研究・教育の団体を確立することに着手され、その年のうちに、その後につながるたいへん多くのことを成し遂げられました。

また、このときは、世界が大戦に向かっていて、国家も不安定なときでしたので、国家伝統への報恩のため、国家の将来のために、その当時の国家にとって重要な指導者の一人ひとりに、国家の方針と道徳教育の必要を説かれました。

このようなときに、私の父母・祖父母・その家族も含めて、多くのモラロジーの先人・先輩の方々が廣池博士と出会い、その一人ひとりが「実の父母も及ばぬ」と表現されたような、細やかなお心づかいとご指導とお世話をいただかれました。

廣池博士の特別の感化力は、その慈悲が私的・個人的な感情によるものでなく、誰に対する慈悲も、神・聖人の目的を助けるために「世界の人心を開発しもしくは救済しようという偉大なる希望の上から」(『論文』⑨二八九ページ)発現されたものであることによります。普通道徳の思いやりや愛も、人間実生活・人間実社会において尊く価値あるものですが、それだけでは大きな事業に携わっていて多忙なときに、身近な人たちや出会う人たちに親身の思いやりの心を持って、行き届いた細やかな心づかいはできません。また一般に、私事だけに力を注いでいる人や暇な人よりも、公のために力を尽くし、そのために多忙な人のほうが、身近な人たちにもより細やかな配慮をされるものです。

廣池博士は、世界人心の開発救済・世界平和の実現を本気でめざして、モラロジーの研究だけでなく、最高道徳の真精神を多くの人たちの心に移し植える事業、モラロジーの団体を確立し、モラロジー大学を開設する準備、講演活動などを、日々実際に進める中で、身近な人たち一人ひとりに、ほかの誰もできると思えないような細やかなお心づかいとお世話をされ、深い感化を及ぼされました。それは一人ひとりへのお心づかいとお世話も、神・聖人の目的を助ける慈悲によるものであるからです。

不完全な人間が、神の慈悲を表現できることについて、『論文』には「伝統尊重の原理は最高道徳の実質の核心を成すところの神の慈悲心の唯一の表現であるのです。かくて、これを人間の内界に求むれば慈悲の精神であり、実行に現せば伝統の尊重となるのであります」（『論文』⑦二七一ページ）と記されています。廣池博士は神・聖人の慈悲をまっすぐに受けとめられ、その恩恵に深く感謝され、まったく伝統本位に生活しておられて、神・聖人の精神に順応し同化された結果として、人を真に幸せにし、人の住む世を真に善くするために、一人ひとりを真に大切にされたのです。

最晩年のご心境として、「全く私の一切の利己的本能を断除して世界人類の真の永遠の安心・平和及び幸福の実現を祈願して努力した微功を神様が御受け取りくださって、神様が御親《おんみずか》らこの世界に現れてかように働いてくださっておる結果と思うて感謝しておる」（『論文』⑨一〇五ページ）とも述べておられます。また、「私は国家伝統たる祖宗の大神様並びに陛下の御扶育の大恩を思い、これに報恩のためとしてモラロジーを造り人心の開発に努力したのであります。而うして祖宗の大神様並びに陛下の御心は国民御慈愛の上に在るが故に、私も国民の安心・平和及び幸福を目的として、終始働かせていただいたのであります。これが真の伝統本位・報恩本位であるのです」（『教訓抄』九七～九八ページ）とも述べておられます。人間の心に実現できる神の慈悲は、伝統の心ですから、最高道徳の慈悲実現は、伝統本位・伝統報恩と一体であるのです。

モラロジーを学ぶ人たちが「最高道徳実行の第一根本精神」である「慈悲寛大自己反省」を心づかいの標準とすることは、このような、いつ、いかなるとき、いかなる場合、いかなる人に対しても、慈悲にして寛大なる心となり、かつ一切を自己に反省する精神の実現をめざすということです。また、モラロジーは、この最高道徳の慈悲をめざすことが、誰にとっても命を守り、「真に意味ある生きる道」を歩むために必要であり、また、それが誰にも可能であることを明らかにしています。

自己反省

最高道徳の自己反省は、「慈悲にして寛大なるこころとなり且つ自己に反省す」（『論文』⑨二八九ページ）の「自己反省」です。それは、自己の過失や罪の反省だけでなく、特に慈悲寛大の心で最高道徳を行った上で出遭うこと、起こることについて、「いかなる場合にもすべての責任を自己に負うて反省し、しこうして無我の至誠をもって努力する」（同）心づかいと行いです。

廣池博士はお若いときから、誤りに気づかれたときには深い反省をされ、その償いも形に表して実行され、同じ誤りを繰り返さぬよう神仏に謝罪され、誓われました。

明治二十八年（一八九五）、二十九歳で京都から東京に移られ、『古事類苑《こじるいえん》』の編纂《へんさん》に携わられたときのことです。このとき、廣池博士は書生さんを五人雇われ、たいへん熱心に取り組まれ、迅速に原稿を書き上げられましたが、それまでお世話になり、廣池博士の学力をよく知っておられた井上頼圀《いのうえよりくに》先生から「努力しておるのはよいが、実に粗製で、これでは困る」〈昭和十年祖先祭、「余の歩みこし道」、『回顧録』一六五ページ〉とのご注意がありました。このときに「真に自己反省し」〈同〉、それまでの原稿を返してもらい、すべてを書き直されました。このときの反省は徹底していて、「初めての慈悲寛大自己反省」〈同〉とも言っておられますが、後にこのときの反省も「ただいま〈昭和九年〉から考うれば、それは旧道徳による自己反省でありました」〈『論文』⑨一〇二ページ〉と述べておられます。

大正四年には、「大善意をもって〈中略〉改善を忠告」〈同一〇三ページ〉したことが、先方に受け容れられず、非難・排斥されて「金もなく、書籍もなく〈中略〉一人の知己もなく、一人の味方もなく〈中略〉真に神経衰弱に弱り切って日々五、六分の発熱を続けておる弱い肉体ただ一つ、〈中略〉あたかもイエス・キリストが十字架に磔《はりつ》けられたときと同じ有様」〈同一〇四ページ〉という、絶体絶命とも言えるような境遇となられました。このときには、大善意からしたことであってもこのような結果になったのは、「真に自分の徳の足らざるところ」〈同一〇三ページ〉として反省され、さらに「これは世界の人心を最高道徳にて助くる上から申しても、神様が自分にかかる体験を与えてくださったものであるので、実に感謝のほかなき次第である。先方を怨《うら》み怒るなどはもってのほかのことである。真に私の年来の研究を実地に施す方法を悟らしてくださったところの大恩者である。これを忘却してはかえって自分が救われぬのである。よって先方に対してはこれを潜在的伝統として尊敬せねばならぬ」（同）と考えられて、「衷心《ちゅうしん》から神様に感謝し」（同）、その後、実際に報恩を続けられました。このときの自己反省は、「全く最高道徳の精神に立脚しておった」（同一〇二ページ）と述べておられます。

大正４年12月（49歳）

この自己反省の心づかいにはまったく後悔はなく、不満・不快・不安の感情もなく、このような境遇の中でもすべてを喜びすべてに感謝する心づかいであり、その反省心が、その後の偉大な事業を成就する力を生み出しています。この自己反省の後に「いよいよもっぱら」（『論文』①序文九五ページ）モラロジーの研究を始められ、現在に至る、また、これからも永続する「モラロジーの建設」という事業に本格的に着手されました。ご生涯の中で精神的には最も厳しいとも言える試練と、このときの自己反省が、新しい道を拓き、その後の偉大な結果を生み出しました。

自己本位の標準による反省には、多くの場合、感謝の要素が少なく、反省する人の心を苦しめ、あるいは勇気を失わせ、萎縮《いしゅく》させることがあります。それは反省の動機そのものが自己本位で、反省というよりも、そのときの状況を悔やみ、多くの場合、人を責める心や、不平・不満が伴っています。自分は反省しているつもりでも、心は自分も他者も責めていて、悔やむ心に支配され、自分自身の誤りを事実として直視することができていません。したがって、本当は誤りを認めたくない心が強く働いているることが多いのです。形だけ反省しても、誤りを受け容れず人のせいにしようとするこだわりが、心を苦しめます。最高道徳の自己反省は、すべてを受け容れ、一切を自己に反省するのですから、心を苦しめるこだわりはなく、不快・不満・不安の感情もなく、感謝と、後を善くする希望に満ちた心づかいです。

廣池博士は門人への教えとして「私は、良いことがあっても悪いことがあっても、まず恩人に報恩してまわる」(『語録』一四一ページ)、また、「迷った時、行き詰まった時は、伝統のことを思え。自然と道が開けてくるものである」(同二〇三ページ)とも言っておられます。道を誤らないためには、よいと思えることがあったときにも、悪いと思えることがあったときにも、わが身を振り返って反省することが必要です。多くの場合、逆境よりも順境のときのほうが、恩を見失い、高慢になりやすく、心づかいの上では危機であると言えます。最高道徳実行上の注意条件の一つである「大小の事変みな箴戒《しんかい》となす」(『論文』⑨三三六ページ)の「事変」は、災害や事故などのようなことだけでなく、喜べる出来事も含まれていて、よいことでも「平素に常例なき出来事があったならば、大いに注意して」(同)、伝統の恩を忘れていないか、高慢の心が起こっていないか、特に心づかいの反省をする必要があるという注意です。

大正四年の出来事の後、廣池博士の忠告を受け容れずに誹謗《ひぼう》・攻撃した人が、博士が講演に出向かれているときにそれを新聞に伝えて、事実でないことが記事となり、報道されたことがありました。そのときのことを、『日記』に「人々は予の怒りを心配す。予はききて大いに懺悔す」(『日記』①二八二ページ)と記しておられます。留守中に新聞の記事になったことを廣池博士に伝えた人が、「博士を知る多くの人たちが、こんなにひどい誹謗・中傷の記事を読まれたときの博士の怒りを心配している」と言ったのだと思われます。そのことを聞かれたときの廣池博士には、怒りも相手を責める心づかいもなく、人々の心配はご自身のそれまでの行いが原因であると考えられて、ただ、それまでの心づかいと行いを反省されたのだと思われます。

私たちの日常の中でも、身に覚えのないことで、日々の些細なことも含めて疑いを持たれたり、非難されたりすることがあります。そういうことが原因となって、争いになったり、人間関係が損なわれたりすることもあります。そういうときには、怒りや不信の感情が起こり、心が悩まされます。多くの場合、怒りと不信の心づかいによって、事態を修復することが難しくなるものです。そのときに、疑われたことが事実でないとしても、そのことだけにこだわって怒る前に、まず疑われるような行いをしていなかったかという反省ができれば、苦しむことも少なく、落ち着いて事態が理解でき、判断ができます。

そのような反省は、自分の利益と好みに縛られた自己本位の標準だけからでは難しいことです。こういうときに、困ったと思うと同時に、伝統の願いや受けてきた恩に心が向けば、廣池博士のご実行をすぐに思い起こすことができます。自分の誤りに気づけてそのような反省ができたのは、精神伝統のおかげですから、最高道徳の自己反省は、まず精神伝統への感謝となります。心に安心と喜びと勇気を生み、苦しまず、落ち込まず、萎縮することがない、道が開ける反省です。

犠牲

『論文』第二巻第八章「最高道徳実行上の注意条件」の一つに「道徳は犠牲なり相互的にあらず」（『論文』⑨三九五ページ）とあり、「およそ道徳というものは、（中略）義務を先行して犠牲を払うことであるので、その結果が自然に酬《むく》うてくればこれを受け、もし酬うてこなければ自分の徳のいまだ足らぬのでありますから、自己反省すべきであります。たとえば、いかなる事にても他人の自分に対することにつきて、悪感情を懐《いだ》きもしくは利害関係を論ずるごときは、全く道徳というものになっていないのであります」（同三九五～三九六ページ）と、最高道徳の犠牲の意味が説明されています。

犠牲は道徳の形として、世界のどの文明においても古くから行われていて、古くは人や動物の生命を犠牲にして神に供えていましたが、文明が進歩して、犠牲の意味も進化し、その内容は人間が行う道徳の意味となり、精神的なものに進化してきました。

聖人の実行された最高道徳の犠牲について、『論文』には「釈迦は自己一人分だけの道徳を行うたほかに、全人類が当然行わねばならぬところの道徳につきて、いまだこれを行い得ずにおる、その道徳実行の不足分を補充したのでありますから、その補充の分は犠牲となっておるのであります。これすなわち釈迦が聖人として尊崇せらるるに至ったゆえんでありましょう。しこうしてこの点においては他の諸聖人も同一であります」（『論文』⑦七五ページ）と記されています。

最高道徳の義務先行の原理を理解すると、私たちの生存・発達・安心・平和・幸福は、そのすべての根本は神の恩恵ですが、直接には、それらの原因として私たち誰もが行うべき道徳実行の不足分を補う、諸伝統の犠牲によるものであることが分かります。伝統は、最高道徳の義務先行者であり、先行された義務は、自己一人分だけの道徳ではなく、他者・後身の不足分を補い、補充するものであり、それが最高道徳の犠牲となります。

最高道徳は、「自ら苦労してこれを人に頒つ」（『論文』⑨三一八ページ）道徳です。この道徳の模範として、『論文』には「日本の皇室の御制度」（『論文』⑦一八五ページ）として天皇陛下の祭祀が説明されていて、「それかくのごとき重大な祭典が一にみな国民の幸福を祈願することにあって、毫も陛下の御私事に関係する事項でないのを御考えください」（同一八五〜一八六ページ）と記されています。その精神は、全国民の道徳実行の不足分を補われる、まったくの最高道徳的犠牲です。

みずからの苦労の結果を人に分け与えて、他者の道徳実行の不足を補う道徳も、苦労の結果として分け与えるものが何かによって、その道徳的価値に違いがあります。『論文』第一巻第十四章第十一項第七節は、「自ら苦労して得たるところの結果を人心救済に提供するをもって人間の純粋の誠の心となすことを述ぶ」（『論文』⑧二六六ページ）で、この節では、「更に一歩進んで最高道徳の極致は、その自己の苦労の結果を及ぶだけ人心の開発もしくは救済の事業に提供することになっておる」（同二六七ページ）として、ご自身が大正元年に医師から死を宣告されるような重い病に罹ると同時に、法学博士の学位授与の知らせを受けたときの決心とそのときの心づかいを記述しておられます。このときに「一切の名誉及び利益を棄《す》てて、世界人心の開発及び救済をなすことに決心」（同）され、そのことを「一見愚なるがごとくなれど、私は人間としてこれ以上のことはないように考え付きました」（同二六八ページ）と述べておられます。

日本皇室の道徳も、聖人の道徳も、その最も高い価値は、全人類に対する最高道徳の人心開発救済にあります。そのことの価値に気づいている人は少ないのですが、人類はこのことから最も大きな恩恵をいただいています。廣池千九郎博士は、その聖人の最高道徳の精神的伝統をまっすぐに受け継がれました。

最高道徳の犠牲は、他人の欠点を補充し、みずからの苦労の結果を他に分かつ道徳ですが、その犠牲の内容として最も重要なことは、最高道徳の人心開発救済をみずから行うか、あるいは最高道徳の精神伝統の事業を助け、支えることです。

廣池博士がモラロジーの研究と最高道徳の人心開発救済によって払われた犠牲の対象は、後世の私たちをも含む全人類ですが、その犠牲の価値や意味を理解しているのは、ごくごくわずかな人たちです。しかし、廣池博士の慈悲はすべての人たちに及んでいます。

私にも及ぶ廣池博士の深い慈悲を念うと、私は、私の記憶のいちばんはじめのころの母親のイメージが浮かびます。生きるために何が必要か、何が危険かも、何も分からないときに、母親は私の不足をすべて補い、守り育ててくれる存在でしたが、そのときの私は、母親がしてくれることの意味は何も分かっていませんでした。自分が成長して後になってもそのことに気づけず、感謝もしていないとしたら、それはたいへん申し訳ないことです。私が父母の元で育ったときには戦争があり、国中が貧しく、物が不足して、どの家でも親は子育てにたいへん苦労しました。そういうときに、子供のために苦労して手に入れ、準備してくれた物をすべて喜び、感謝して受けとめていたかというと、必ずしもそうでなくて、父母に不満や不足の心を持ったことを思い起こすと、たいへん申し訳なく、できるものなら今からでも謝り償いたいという気持ちになります。

精神の親としての廣池博士は、実の父母よりもはるかに広く深い慈悲心から、精神の子供たちの将来のために、親が実の子供のためにするいかなることよりも、はるかにはるかに深い配慮と周到な準備をされ、それをまっすぐに受けとめて助かる道に登ることを勧めてくださっているのです。私は、人生の早い時期に、そのお勧めを知る機会に恵まれていましたが、はじめからそのお勧めを素直に受けとめ、公平な心で教えを素直に学ぶことはできていませんでした。それでも私を助けてくださった大恩を念うと、精神の親である廣池千九郎博士に対して特別の深い贖罪の念も湧いてきます。

三、感化を求める

廣池博士から直接に教えを受けた多くの門人の方たちが、博士から学んだことの中でいちばん大切と思っていることは、ご自身にとっては他のいかなる知識よりも心から納得し、確信している実感はあっても、それを「本当にたいへんなこと」「この上ない幸せ」「本当の安心をいただいた」などの言葉でしか表現できませんでした。それはまさに、求める人と与えようとする人との間で、全人格から全人格への感化によって伝えられたものでした。真理を真剣に求める人と、真剣に伝えようとする人が出会い、互いが求めて人間として深く理解し合い、魂と魂が触れ合い、全人的感化によって、教えの根本となる真理が心から心へ移植され、教えの内容の理解よりも、その価値と実行の生命が確実に伝わったのです。

大法と小法

私たちはさまざまな方法によって知識を得ることができますが、ものごとの全体を統合する根本の本質は、言葉や行為を超えていて、それを体得し伝えようとする人の全人格から、求める人の全人格に伝えられるものです。品性は「全人格の表現であり」（『論文』⑧一二四ページ）、「一つの生命を有しておる」（同一二五ページ）ので、「最高道徳の教育法は主として人格の直接感化を必要とする」（『論文』⑨二九五〜二九六ページ）のです。

「最高道徳実行の第二根本精神」の第五に、「大法は心にあり小法は形にあり」（同二九四ページ）とあり、「大法は大宇宙の自然の原理全部を含むものにて、いわゆる無形的もしくは精神的にて永久的性質を帯ぶるものであります。小法はその自然の現象の法則の一部分を含むにすぎざるもので、いわゆる有形的もしくは物質的にて一時的性質を帯ぶるものであります。ここをもって、大法はただこれを小宇宙と称せらるるところの人間の精神内に体得し、且つ蓄蔵することは出来れど、いったんこれを言語・文章もしくは行動に表現すれば、すでに小法となるのであります」（同）と説明されています。

私たちは書物から、また、先人・先輩の言葉や行為から多くを学ぶことができますが、大法である最高道徳は、言葉や行為だけからでは、いちばん大切なことで学び尽くせないものがあるということです。

全人格による直接感化

身近な門人の方たちに対する廣池博士の晩年の教訓に「著書を精読する事と毎月の集会に出ずる事との二か条を厳守する事」（昭和三年十一月三日「第一五十鈴河畔の教訓」、『教訓抄』一五ページ）とあります。昭和三年の十二月に『道徳科学の論文』の初版を発刊されましたので、ここでの著書は『論文』を意味しています。また、昭和六年の九月には『新科学モラロジー及び最高道徳に関する重要注意』を発刊され、二十三条の実行上の注意を記されました。その第二十三条は「最高道徳の実行は独立的なれどその修養は必ず団体的なるを要す」で、その説明には「最高道徳の団体に加わりて、一方には先輩の指導を受け、かつ一方には多数人の実行を見聞してこれに揉まれねば、真の誠の心はできぬものであります。一人孤立の信仰は利己主義に陥りやすいのであります」（『語録』二二七ページ）とあります。

廣池博士は精神の親として、精神の子供たちの将来を思う深い願いから、常に原典である『論文』によって最高道徳の標準を学び直し学び続けるとともに、求めて先輩につながり、感化を受け続けることを教訓されたのです。モラロジーの生命は実行にあり、生命は生きた人から移植されるものですから、最高道徳の教育では、最も重要なことは、主に生きた人格による直接感化によって行われるのです。

廣池千九郎博士の人格による感化

しかし、廣池博士は感化教育について、「ただしかしながら、偉大なる人格者の感化力は尋常人の感化力と異なる故に、必ずしも直接の接触を要せぬのであります。すなわちキリストの死後の門人パウロがそのキリストの生前の門人よりはるかにキリストの真の精神を獲得しておった実例のごときもあることを知っておくべきであります」（『論文』⑨二九六ページ）とも述べておられるのです。『論文』には、廣池博士ご自身が絶体絶命とも言える困難の中で、ソクラテス及びキリストの最後の事跡と教訓によって、生きた聖人の全人格から直接の感化をいただかれ、困難を乗り越えられたと想像できる体験の記述もあります（『論文』⑥一八六～一八七ページ、一九〇～一九一ページ）。

私は幼いときから、廣池博士から直接に指導を受け、感化をいただかれた多くの先輩方や父母・祖父母からも、博士から直接に学んだことについてお話を聴くことができました。私が生まれたのは、博士が逝去された翌年でしたので、若いときには、先輩から博士のお話を聴くたびに、たいへん羨ましく思い、できれば私もお会いしたかったという強い思いがありました。しかし、若いときに『論文』の「偉大なる人格者の感化力」についての記述を読んで、ここではキリストの人格を例に挙げて説明しておられますが、これはまさに廣池博士のことだと思いました。このことに気づいて、身近な先輩方が最高道徳の実行をめざして努力されるお姿を見直してみると、どなたもが、博士ご存命のときと同じように、常に博士の生きた人格の感化を求め、いただかれつつ、修養を重ねておられたのです。求めれば廣池博士がお応えくださって、私も直接の感化をいただけることが分かり、新たな希望と勇気が湧いてきました。

『論文』には、正しく動かない確かな標準と、人の心に実行の勇気と活力を与え続ける強い感化力の両方が備わっています。『論文』を繰り返し何回読んでも、常に廣池博士からはじめてのお話を聴くような、新たな気づきと感動があります。博士の事跡を学び、『論文』を繰り返し読み続けると、博士の最高道徳実行の生命から、今もご存命中と変わらない強い感化をいただけることがよく分かります。『論文』によって廣池博士につながることによって、お願いすれば、今も博士の門に入れていただき、精神の子供にしていただけるのです。

四、モラロジーを正しく学び、最高道徳を正しく実行するために

私はこれまでの人生の中でたいへん多くの人たちとの出会いに恵まれてきましたが、あるとき、人として私がいちばん親しく感じ、いちばんよく知っていると思える人は、廣池千九郎博士であることに気づきました。廣池博士は、すべての人に心を開かれ、心の奥まで伝えてくださっていますので、よく考えると、父母やきょうだいよりも人として深く知ることができていたということです。

廣池博士ほど、ご自身の精神生活のありのままを、誰にも分かるように言葉にして残された人はほかにないと思います。『論文』だけでなく、廣池博士が残されたモラロジーの書物はすべて、ご自身の精神生活のありのままの記録です。『論文』によって、廣池博士と対話しつつモラロジーを学ぶと、私が何を求め、何に迷い、何につまずき、何を疑問に思うかなどをいちばんよく深く理解してくださっているのは、廣池

博士であることが分かります。そのような意味で、廣池博士は私をいちばんよく理解してくださっている方でもあります。『論文』によって毎日出会い、毎日お話を聴き、毎日質問することもできるのですから、これほど日々親しくできる人はほかにありません。

私はモラロジーだけでなく、物理学も大学院まで進んでたいへん永く学ぶ機会に恵まれました。モラロジーは、聖人正統を受け継ぐ純粋正統・知徳一体の学問です。モラロジーも若いときから学ぶ機会に恵まれていましたので、そのことは言葉としては知っていました。しかし、純粋正統も知徳一体も、物理学を学ぶ中では出会うことがない言葉です。物理学者でもガリレオやニュートンの論文を読んだことがない人が大半と言えるほどですから、「物理学には古典はない」とも言われていました。また、物理学だけでなく、自然科学一般が道徳的な価値を離れて、知識と道徳を分離し、知識だけに限ることを前提にしているとも言える学問ですから、物理学は、聖人正統や知徳一体をほとんど意識せずに進められている学問です。

『論文』では、純粋正統も知徳一体もたいへん丁寧に説明されています。その記述は、物理学の考え方の影響を強く受けていた私には、理解はできてもなかなか心から納得できていないところがありました。その私が、モラロジーが純粋正統・知徳一体の学問であることや、「神の慈悲」「宇宙的正義」「品性」などについての『論文』の記述を心から納得できたのは、人としての廣池博士をよく知るようになり、モラロジーを研究される過程での廣池博士の生き方とお心づかいをよく知ったことによります。純粋正統だけでなく、モラロジー・最高道徳の基礎的観念や基礎的事項は、どれも全体性を備えた大法です。言葉で説明することも必要ですから、『論文』ではそれらについても、普通は言葉にできないと思えるところまでたいへんよく説明されています。しかし、大法としての内容は言葉だけでは説明しきれないので、大法に直接に触れることが必要です。それはどこにあるかと言えば、私たちが触れることができるいちばん確かなところは、廣池博士のお心です。求めればそのお心に触れることができるよう、廣池博士は、ご自身で、ご自身の生き方と心づかいを言葉にして正しく残されることに心を尽くし、工夫を尽くし、力を尽くされました。

求めれば、廣池博士は何にでも応えてくださいます。私たちはモラロジーを正しく学び、最高道徳を正しく実行するために、モラロジーの原典によって学ぶだけでなく、原典によって学んだ本質にかかわる大切なことを悟り、体得するために、全人としての廣池博士を正しく知ることにも力を注がなければなりません。

廣池博士の事跡を学ぶことは、原典の理解を深めてくれます。また、原典によってモラロジーを学ぶことで、事跡の意味の理解が深まります。

廣池博士の事跡の中では、特にご自身が言葉にして詳しく残そうとされたことが重要です。廣池博士は、ご自身の事跡の中で何が大切かという標準も、後世の人がよく分かるように残してくださいました。

あとがき

これまでの人生の中での出会い、わが身に起こったこと、みずから選んできた道などについて、落ち着いた心で振り返ることができました。現在の私自身に恵まれているもの、今在る私は、何よりも、若いときにモラロジーという学問を知ることができ、それと同時に廣池千九郎博士という人との精神的な出会いに恵まれ、その後これまで、精神の親としての廣池博士とつながり続けてくることができた結果であることが、実感を伴って、あらためてよく分かりました。

私は、主に『道徳科学の論文』によって廣池博士と常に精神的につながり続け、モラロジー・最高道徳を学び続けてきました。そのことによって、今思うと危うい人生をさらに危うくするような多くの心づかいと行いを重ねてきながらも、これまで大過なく過ごしてくることができました。また、常に心を育てていただき、守っていただいてきました。それがなかったら、今の自分は考えることもできませんので、今に感謝し、安心し、満足し、喜んで、今生きて生活できていることを、心からよかったと思い、これまで常にいただいてきた精神の親の大恩に深く感謝しています。

今回、これまでに『論文』によって学んできたことを振り返ってみて、あらためて確信を深めたことがあります。それは、人間としてこの世に生きて生活していることの危うさと、そのありがたさです。人間として生きることの意味を自覚して、真に意味ある人生を生きるためには、その基礎として、わが身に与えられ、恵まれているものを、事実としてそのありのままを正しくよく理解した上で、その危うさと共に、それでも愛され、守られ、育てられ、生かされていることのありがたさを深く自覚して感謝できることがたいへん重要です。

『論文』では、確かな根拠に基づいて、求めれば誰もが理解し納得できるように、人間の運命そのものと、その成立の原因が詳しく説明されています。『論文』によって繰り返し学べば学ぶほど、そのことの理解と自覚が深まり、与えられ、みずから運びつつある運命の、まさに「薄氷を踏むような」とも、「目隠しをして綱渡りをするような」とも表現できる危うさと共に、そういう状況の中で大切に守られ、育てられ、生かされていることの限りないありがたさを深く理解し、実感することができます。

『論文』には、そのことの理解と自覚を深めるだけでなく、人の心に、いただいている恩恵の淵源である根本の存在に対する畏敬・尊敬・尊重・感謝の精神を養い、育て、深める力があります。

　また、その理解と自覚から、人を人として育て、人を真に幸せにするために、根本となるいちばん大切なものが何であるかがよく分かるようになります。それはわが国だけでなく、現在、世界で人類一般に対して行われている教育の基礎において見失われ、欠けているものであることも分かります。現在広く一般に行われている知育では、知識と道徳が分離していて、宇宙や自然や社会や歴史について多くのことを学んでも、それが必ずしも、真に人を幸せにする運命の自覚と生き方の基礎となるようには伝えられていません。現在の一般の教育で広く尊重されている知識は、必ずしも道徳的でない人が、必ずしも道徳的でない目的をもってしても学ぶことができる知識です。したがって、必ずしも道徳的でない人が、必ずしも道徳的でない目的のために他者に教育して、人を不幸にすることもできることになります。それは聖人正統・純粋正統の学問・知識ではありません。

『論文』によって学ぶと、同じことを学んでも、学んだ人の精神に与えるものが違っていて、繰り返し学ぶと、学んだ知識が確実に、各自の運命を正しく自覚して、畏敬・尊敬・尊重・感謝の精神で根本につながり、今に安心し、満足し、感謝して、自己の本分に力を尽くして生きる力となります。私も小学校から大学・大学院まで永く学校教育を受けることができ、たいへん多くの有益なことを学び、学校で学んだ知識から多大な恩恵を受けてきました。しかし、学校で学んだ知識の最も重要な目的と意味は、『論文』によってモラロジーを学び続けてきたことで知ることができました。私は特に物理学を専門に大学院まで進んで多くを学びましたが、物理学で深く学んだことも、私にとってのその最も重要な目的と意義は、まず自分自身の運命を正しく自覚し、「真に意味ある生きる道」を選ぶ上での確かな基礎となることにあることもよく分かりました。

人間実生活・人間実社会のあらゆることについて、人を真に幸せにし、人の住む世を真に善くする人間の生き方・考え方の根本が何かを、『論文』によって知り、深く理解し、確信することができます。『論文』では、それを多くの人たちが理解し、実行を本気でめざすに至るために必要な根拠が懇切に明らかにされています。『論文』の記述は、人間実生活・人間実社会の根本が、道徳、特に最高道徳であり、さらにより具体的・実際的には最高道徳の伝統尊重の原理であることを、誰もが理解できるように明らかにしています。『論文』はその全巻が、そのために記述されたものであると言うこともできるくらいです。

誰もが『論文』によって純粋正統の運命観を学び、正しく自己の運命の自覚をすることができます。それができれば、まず、どのような境遇にあろうとも、今人間として生きて生活できていることのありがたさを知り、心から喜び、感謝することができ、自分が真に大切に生み出され、養われ、生かされていること、したがって自分自身が真に大切な存在であることを自覚することができ、その結果、誰もがこの世に生まれてよかった、この国に生まれてよかった、この家に生まれてよかった、また、この私に生まれてよかったと心から思え、感謝ができるようになります。さらには、自己の運命の不完全な部分を知ることもでき、運命を改善できることと、その方法も知って、自分の人生の価値と可能性についての考え方が根本から変わります。それは、自己の運命を与えられたものとしてあるがままに感謝して受けとめるとともに、いただいた運命を自己の生き方によって改善して後世に遺す使命があることを自覚することともなり、人間として生きることの意味や価値に目が開かれて、心から納得できる生き方の標準を心に養うことにもつながります。そのような人が一人でも増えることが、人の住む世を真に善くする確実な原因となり、身近な人たちの幸せだけでなく、人類の幸福増進、世界平和の実現に向けての最も確実な原因となります。

『論文』によってモラロジーを学んで確信できることは、人を真に幸せにすることに力を尽くしただけ、その人自身が真の幸せに恵まれること、また、伝統の大恩を忘れて人を真に幸せにすることはできないことです。人類の生存・発達・安心・平和・幸福を実現する原理に一致する人間の精神作用・行為は、すべてその淵源は神・聖人であるのですから、その根本の標準から離れ、根本の大恩を忘れてなされたことから、永続する真に価値あるものが生み出されることはないということです。

『論文』によってモラロジーを正しく学べば、人を真に幸せにするために、自己の品性完成と運命の改善を本気でめざして生き続けることができます。それが実際にできるかどうかの鍵が、その実行上の標準となる、伝統の観念と伝統尊重の原理です。しかし、そのことを『論文』に記述されているような確かな根拠をもってよく理解して、その実行をめざしている人は、現存する七十二億人以上の全人類の中でもいまだごくごくわずかな人たちです。新しい科学は、人間として生まれ、今この世に人間として生きて生活していることが、宇宙間に起こる自然現象としては、確率的にどれほど起こり得ないことであるかを明らかにしています。人間として生きて生活しているだけでも、奇跡としか言えない幸運に恵まれているということです。その上に、聖人正統の最高道徳を知り、みずから求めて学び、その実行をめざすに至るということは、さらに稀なことであり、それが人を真に幸せにする最も確実な道であるのですから、それはこの上なく得難く幸運な出会いであるのです。その価値を知れば、今わが身に恵まれているものの中で、これ以上に尊重し、大切にしなければならないものはほかにはありません。

そこまで来ていて、真に救済されることを求めて、さらに真剣に『論文』によってモラロジーを正しく学び、最高道徳の実行を本気でめざすことをしていないとしたら、精神の子供たちの将来を見守り続け、祈り続けている精神の親としては、黙って見ていることはできないお気持ちであると思われます。『論文』に込められた廣池博士の願いとご苦労を念うと、いっそう真剣になって、最高道徳の真精神を体得することを本気でめざさなければ、まことに申し訳ない気持ちになります。

『道徳科学の論文』に込められた廣池千九郎博士の願いは、人々が更生し、真に幸せな人生を歩むことです。すでに人間として命と心をいただき、真に助かる道に登る能力もいただき、その道につながることができ、すでにまことに「有ることが難い」幸運に恵まれているのに、「今、みずから真剣になって助かる道に登らずして、いつ助かるつもりなのだ」という廣池博士のお言葉が聞こえるようです。

今回、あらためて、精神の親から常にいただいている格別の慈悲を、深く深く実感することができました。

本書は、公益財団法人モラロジー研究所発行の『モラロジー研究所所報』で発表した論説などと一部記述が重なるところがあります。特に第六章は、平成二十三年に『モラロジー研究所所報』に連載されたシリーズ記事に加筆・修正を加えたものです。

平成二十七年一月

松浦勝次郎

松浦 勝次郎（まつうら・しょうじろう）

昭和14年（1939）、千葉県に生まれる。南イリノイ大学大学院修士課程・博士課程修了。Ph.D.（物理学）。麗澤高等学校教諭・副校長、モラロジー研究所道徳科学研究センター教授、廣池千九郎記念館館長、モラロジー専攻塾塾頭・塾長、モラロジー研究所常務理事等を歴任。
著書に『よく生きる力――きずなの回復と創造』、共著に『倫理道徳の白書 Vol.1』（共にモラロジー研究所）等がある。

真に意味ある生きる道

『道徳科学の論文』に学ぶ

平成27年2月10日　初版発行

著　者　松浦勝次郎
発　行　公益財団法人 モラロジー研究所
〒277-8654 千葉県柏市光ヶ丘2-1-1
TEL.04-7173-3155（出版部）
http://www.moralogy.jp/
発　売　学校法人 廣池学園事業部
〒277-8686 千葉県柏市光ヶ丘2-1-1
TEL.04-7173-3158
印　刷　横山印刷株式会社

© S. Matsuura 2015, Printed in Japan
ISBN978-4-89639-243-2
落丁・乱丁はお取り替えいたします。